Manger équilibré, c'est facile !

Chez le même éditeur :

- *Mieux vivre la ménopause*, Dr Roland Cachelou
- *Le yoga au quotidien*, Françoise Colombo
- *Le nouveau Feng Shui*, Martine Evraud et Sarah le Hardy
- *Chromothérapie et luminothérapie*, Martine Evraud et Sarah le Hardy
- *Vaincre le stress, la dépression*, Dr Patrick Georges
- *Vaincre le mal de dos, la sciatique*, Dr Patrick Georges
- *Stop à la cigarette !*, Dr Ghéorghiï Grigorieff
- *Tabac : arrêter sans grossir*, Dr Ghéorghiï Grigorieff et Sébastien Bailly
- *L'acupuncture*, Dr Ghéorghiï Grigorieff
- *Mieux communiquer avec son médecin traitant*, Dr Ghéorghiï Grigorieff
- *Huiles essentielles*, Nelly Grosjean
- *La phytothérapie*, Anne-Sophie Nogaret-Ehrart
- *L'ostéopathie*, Pascal Pilate
- *Les drogues*, Yasmina Salmandjee
- *Piercings et tatouages*, Yasmina Salmandjee
- *Homéopathie et sexualité*, Dr Dominique-Jean Sayous
- *L'homéopathie*, Catherine Trouvé

Catherine Chegrani-Conan

Manger équilibré, c'est facile !

EYROLLES

Éditions Eyrolles
61, Bd Saint-Germain
75240 Paris Cedex 05
www.editions-eyrolles.com

Mise en pages : Istria

Le code de la propriété intellectuelle du 1er juillet 1992 interdit en effet expressément la photocopie à usage collectif sans autorisation des ayants droit. Or, cette pratique s'est généralisée notamment dans les établissements d'enseignement, provoquant une baisse brutale des achats de livres, au point que la possibilité même pour les auteurs de créer des œuvres nouvelles et de les faire éditer correctement est aujourd'hui menacée.

En application de la loi du 11 mars 1957, il est interdit de reproduire intégralement ou partiellement le présent ouvrage, sur quelque support que ce soit, sans autorisation de l'éditeur ou du Centre Français d'Exploitation du Droit de Copie, 20, rue des Grands-Augustins, 75006 Paris.

© Groupe Eyrolles, 2007
ISBN 978-2-212-53800-7

Sommaire

Introduction 7
Première partie : Qu'est-ce qu'une alimentation équilibrée ? 9
Chapitre 1 : Les nutriments dont notre corps a besoin 11
Chapitre 2 : Des aliments diversifiés 41
Chapitre 3 : Une bonne répartition des apports journaliers 65
Chapitre 4 : Une alimentation adaptée à l'âge et au mode de vie 81
Deuxième partie : À chaque cas, sa solution 101
Chapitre 5 : À la maison 103
Chapitre 6 : À l'extérieur : au restaurant ou sur le pouce 119
Chapitre 7 : Végétarisme, végétalisme, macrobiotisme… 161
Chapitre 8 : Comment pallier une alimentation déstructurée ? 171
Conclusion 184
Réponses aux quiz 185
Table des matières 189

Introduction

Tout le monde aimerait avoir une alimentation saine et équilibrée... mais comment faire entre le manque de temps, les repas d'affaires, l'envie de profiter de la pause du déjeuner pour faire du lèche-vitrine ou du sport, les déplacements, la fatigue... ou l'ennui de cuisiner quand on vit seul ?

Il est pourtant possible, et même relativement facile, d'avoir une alimentation équilibrée. Il suffit de peu de choses pour adopter ou retrouver un rythme alimentaire serein, alliant plaisir de bien manger et satisfaction des besoins nutritionnels.

Ce livre très simple s'adresse à tous ceux qui sont soucieux de leur bien-être et souhaitent le conserver (ou le retrouver), malgré les contraintes de leur rythme de vie. Ce n'est pas un livre de « recettes miracles », mais un livre pratique. Il est organisé de façon à ce que vous puissiez facilement vous repérer, en fonction de votre âge, de vos activités professionnelles et physiques, de votre mode de consommation ou du temps dont vous disposez pour vos repas. Vous y trouverez des conseils alimentaires simples, en adéquation avec votre désir de simplicité et d'équilibre, et surtout en accord avec votre mode de vie. Il s'agit, en somme, de repérer quelles sont vos habitudes alimentaires et de proposer une réponse appropriée à votre situation.

Cette méthode, fondée sur le bon sens, part d'une observation toute simple : votre mode d'alimentation doit être adapté à votre mode de vie, pour ne pas être source de contraintes ! C'est pourquoi toute mention de quantité a été, par exemple, volontairement laissée de côté (sauf quand il s'agit d'équivalences, qui permettent de remplacer les aliments que vous n'affectionnez pas particulièrement par d'autres).

Mon expérience professionnelle l'a prouvé : plus on (s') impose un schéma diététique strict et contraignant, moins il est suivi. Soyons réalistes ! On ne peut demander à une hôtesse de l'air, ou à une infirmière travaillant de nuit, de changer sa façon de vivre (par exemple, de manger à heures fixes tous les jours)... mais on peut l'aider à trouver des solutions pour manger mieux, en tenant compte de ses horaires. Son bien-être en sera profondément amélioré... Il en va de même pour tous : à chaque cas, sa solution !

Première partie

Qu'est-ce qu'une alimentation équilibrée ?

Cette première partie présente les principaux aspects d'une alimentation saine et équilibrée. Tout y est : nutriments, aliments, équilibre des repas… Vous y trouverez aussi de nombreuses astuces, des quiz, des recettes. Cet outil pratique vous permettra de repérer vos erreurs alimentaires et d'y remédier de façon simple tout en conservant la notion de plaisir.

Chapitre 1

Les nutriments dont notre corps a besoin

Notre corps fonctionne à l'énergie, comme un moteur, il a besoin de carburant... D'où provient cette énergie ? Elle résulte de la combustion des aliments. Pour que notre corps fonctionne harmonieusement, pour rester en bonne santé et disposer d'énergie, notre alimentation doit comporter chaque jour suffisamment de nutriments. Les nutriments sont les éléments de base des aliments et des boissons. Ils servent à couvrir les besoins de l'organisme et sont nécessaires au bon fonctionnement des organes (cœur, cerveau, poumons, etc.), que votre corps soit au repos ou en activité.

On distingue deux grandes catégories de nutriments :
- les macronutriments (glucides, protéines, lipides) ;
- les micronutriments (vitamines, minéraux et oligo-éléments).

En plus de ces nutriments, il ne faut pas oublier l'eau.

Les glucides

Les glucides représentent une source d'énergie indispensable rapidement utilisable. Ils servent notamment au cerveau et aux muscles. Les glucides devraient représenter 50 à 55 % de votre apport énergétique total quotidien.

Du bon usage des glucides

Sachez que si les glucides simples (voir ci-dessous) sont consommés de manière exagérée, si leur apport est plus important que vos besoins, leur énergie sera stockée sous forme de graisses dans le tissu adipeux. Ce qui aura pour effet à long terme chez les sujets prédisposés, la constitution d'une « obésité », sans oublier les caries dentaires... De plus, le sucre appelle le sucre : la consommation en excès de glucides simples stimule la sécrétion d'une hormone synthétisée par le pancréas appelée l'insuline, qui peut engendrer la sensation de faim. Il est bon de connaître ce phénomène insidieux.

Les glucides simples et complexes

Les glucides se divisent en 2 grandes catégories :

- les glucides dits simples (au goût sucré), formés d'une seule molécule (par exemple, le glucose, le galactose ou le fructose) ou de plusieurs molécules (c'est le cas du saccharose ou du lactose) ;
- les glucides complexes (au goût non sucré), formés de très longues chaînes de molécules de glucose.

Quelques équivalences en glucides

10 g de sucre = 2 morceaux de sucre n°4
= 15 g de confiture
= 15 g de miel (une cuillère à café)
= 10 g de poudre chocolatée (une cuillère à café)

45 g de pain = un petit pain individuel
= 3 à 4 biscottes
= 30 g de céréales type pétales de maïs
= 95 g de riz cuit ou 30 g pesé cru
= 110 g de pâtes cuites ou 30 g pesées crues
= 140 g de pommes de terre cuites
= 135 g de légumes secs cuits ou 30 g pesés crus

Où trouve-t-on les glucides ?

- Les glucides simples se trouvent dans le sucre sous forme de saccharose (rappelons que le saccharose est notre sucre raffiné classique, extrait de la betterave ou de la canne à sucre), dans les produits sucrés sous forme, par exemple, de glucose, de saccharose dans le lait (lactose) et dans les fruits (fructose). Ils sont immédiatement utilisables par notre organisme. Ils ont un réel effet de coup de fouet.

- Les glucides complexes se trouvent dans les céréales (blé, riz, seigle...) et les produits céréaliers (farine, pâtes...), ainsi que dans la pomme de terre, les légumes secs, la banane peu mûre...

Quiz sucré

Connaissez-vous la teneur en glucides de ces aliments et boissons ? Classez ces aliments du plus riche au moins riche en glucides.
a) une canette de soda au cola de 33 cl
b) un milk-shake de 250 ml
c) 2 boules de crème glacée
d) un pain au chocolat (environ 60 g)
e) une pomme (150 g)
f) une barre chocolatée

Réponses en page 185

■ Les fibres

Les fibres font partie des glucides mais elles échappent à la digestion. Ce sont des glucides dits indigestibles. Les fibres forment une famille très vaste au sein de laquelle, on distingue :

- les fibres insolubles comme la cellulose (abondante dans les fruits et les légumes), certaines hémicelluloses, la lignine (cette substance, très irritante pour la muqueuse intestinale, est présente en abondance dans les légumes qui ne sont plus de première fraîcheur) ;
- les fibres solubles comme la pectine abondante dans le coing, la pomme, les fruits rouges, les mucilages (gommes, algues), certaines hémicelluloses. (Les gommes sont des substances végétales capables de gonfler au contact de l'eau et les hémicelluloses sont des composés glucidiques proches de la cellulose que l'on trouve dans les membranes des cellules végétales.)

Les fibres ont la propriété de donner du volume au bol alimentaire. Elles favorisent le transit intestinal et évitent ainsi la constipation. Elles contribuent à faire baisser la cholestérolémie et à réguler la glycémie chez les diabétiques. Elles ont un rôle déterminant pour la santé. Ne vous en privez pas !

Où trouve-t-on les fibres ? Elles sont présentes dans les céréales et produits céréaliers complets (par exemple, dans le pain au son) ; dans les légumes secs (lentilles, haricots...) ; dans les légumes frais (artichaut, poireau, salades, asperges...) ; dans les fruits frais (pomme, groseilles...) ; dans les fruits secs (pruneaux, raisins secs...).

Quelques conseils...

Quelques conseils pour augmenter votre apport en fibres

- Remplacez votre pain blanc par du pain complet (si vous le tolérez) ou un pain bis (intermédiaire entre les deux).
- Pensez aux céréales le matin au petit-déjeuner ; jouez la variété. Cependant, faites attention à leur composition en glucides simples parfois très élevée.
- Commencez ou finissez votre repas par un fruit (avec la peau si possible, en prenant soin de bien laver votre fruit pour éliminer les éventuels résidus de pesticides).
- Ajoutez quelques fèves ou pois chiches dans vos salades.
- Sachez que les légumes cuits sont plus riches en fibres que les légumes crus.
- Si vous consommez du son, sachez qu'il contient beaucoup d'acide phytique (dont le rôle est déminéralisant et très irritant pour l'intestin). Mieux vaut donc l'utiliser avec modération.

Enfin n'oubliez pas que les fibres ont besoin d'eau pour être efficaces. Donc buvez beaucoup !

Attention ! Une consommation excessive de fibres peut entraîner un inconfort digestif, dû aux fermentations intestinales, et entraver l'assimilation de certains éléments minéraux. Cela risque d'engendrer une déminéralisation de l'organisme. Pour éviter ce désagrément, augmentez toujours progressivement votre ajout de fibres. Souvenez-vous aussi que le mode de cuisson modifie l'absorption de ces dernières : les légumes cuits sont plus digestes.

L'index glycémique

Les aliments contenant des glucides entraînent une variation du taux de glucose (modification glycémique) dans le sang, mais tous les aliments contenant des glucides n'entraînent pas la même modification pour une même quantité ingérée. Pour éviter d'avoir une glycémie trop élevée, il faut veiller à l'index glycémique. À quantités égales, les aliments ayant un index glycémique élevé n'ont pas la même influence sur la glycémie que des aliments à index glycémique bas. Il faut cependant savoir que beaucoup de facteurs influencent l'index glycémique (par exemple, le type de fibres, le mode de préparation, la cuisson...). Il est donc difficile de connaître précisément cet index, surtout dans le cadre d'un repas qui associe de nombreux aliments. La solution du métissage (des aliments à index glycémique haut et des aliments à index glycémique bas) au cours d'un même repas semble cependant être une bonne solution.

Voici l'index glycémique de quelques aliments :

- Glucose   100 %
- Carottes   92 %
- Pétales de maïs   80 %
- Riz blanc   72 %
- Pain blanc   69 %
- Pommes de terre à l'eau   52 %
- Spaghetti   50 %
- Pomme   39 %
- Lentilles   29 %

Les protéines

Les protéines sont les constituants de base du corps. Elles permettent de construire, d'entretenir et d'assurer le renouvellement des tissus cellulaires (muscles, sang, peau, organes...). Elles sont indispensables à la croissance des enfants et des adolescents. Elles jouent aussi un rôle dans la production des hormones, des enzymes et dans le fonctionnement du système immunitaire. Tout cela fait que nous ne pouvons nous en passer.

Les protéines devraient représenter 12 % de l'apport énergétique total.

 Le rôle bénéfique des protéines
En cas d'infection, de fièvre, de fracture ou de plaies à cicatriser, il est bon d'augmenter l'apport en protéines qui jouent un rôle bénéfique dans le processus de guérison.

On distingue deux types de protéines :
- les protéines animales (qui se trouvent dans les viandes, les poissons, les œufs, les abats, le lait et les produits laitiers). Elles sont souvent associées aux lipides ;
- les protéines végétales (qui se trouvent dans les céréales, les produits céréaliers et les légumes secs).

Les protéines sont composées de ce que l'on appelle des acides aminés. Pour schématiser, imaginez les protéines comme un train dont les wagons sont les acides animés. Il existe environ une vingtaine d'acides animés différents, parmi lesquels huit sont dits « essentiels » ou indispensables. Pourquoi ? Tout simplement, parce ce que notre organisme est incapable d'en assurer la synthèse. Seule l'alimentation peut nous les fournir.

Protéines animales et protéines végétales ne sont pas équivalentes. Il faudrait utiliser ce qu'on appelle une « supplémentation » des protéines végétales pour qu'elles soient équivalentes aux protéines animales, par exemple, il faudra associer de la semoule de blé aux pois chiches, ou du riz aux haricots rouges.

Où trouve-t-on les protéines ? Elles sont présentes dans les viandes, volailles et assimilés (lapin...), les poissons, les œufs, les abats, le lait et les produits laitiers, les céréales, le pain, les légumes secs.

Quelques équivalences en protéines animales

100 g de viande = 100 g de volaille (sans os)
= 100 g d'abat
= 100 g de poisson (sans déchets)
= 80 g de jambon cuit soit 2 tranches
= 2 œufs
= 1/2 litre de lait
= 4 yaourts de 125 g
= 180 g de fromage blanc
= 60 g d'emmental
= 90 g de camembert

Les lipides

Les lipides sont de grands pourvoyeurs d'énergie. Ils sont indispensables à la constitution et au fonctionnement de vos cellules et servent au transport des vitamines liposolubles (A, D, E, K). Ils aident à lutter contre le froid. Donc ne les boudez pas, surtout en hiver. Ils devraient représenter 30 à 35 % de l'apport énergétique total.

Dans l'alimentation, on les trouve sous deux formes :

- les lipides cachés présents naturellement dans les aliments comme les viandes, les charcuteries, les fromages, le chocolat, les produits de boulangerie, les crèmes glacées, les noix...
- les lipides visibles, c'est-à-dire ceux que vous ajoutez dans vos aliments pour l'assaisonnement ou la cuisson (beurre, margarine, huile, saindoux, graisse d'oie ou de canard, crème fraîche...).

Les lipides sont constitués en grande partie d'acides gras. On distingue acides gras saturés, acides gras mono-insaturés et acides gras poly-insaturés.

Chacun des acides gras saturés a des avantages propres, distincts. Consommés en quantités trop importantes, ils font augmenter le taux de lipides sanguins et favorisent les risques cardio-vasculaires. Ils sont surtout présents dans les corps gras d'origine animale (beurre, crème fraîche, saindoux, graisse d'oie, graisse de canard) mais également dans les viandes, la peau des volailles, la noix de coco, le beurre de cacao... Les quantités consommées ne devraient pas dépasser 10 % de notre ration quotidienne en lipides.

Les acides gras mono-insaturés ont comme chef de file l'acide oléique (fierté de l'huile d'olive et de la cuisine méditerranéenne !) présent aussi dans l'huile d'arachide et de colza. Ils ont une action positive sur le cholestérol.

Les acides gras poly-insaturés dits acides gras essentiels (ce sont ces acides gras que l'organisme ne peut pas synthétiser !) qui jouent un rôle essentiel dans la prévention cardio-vasculaire. Ils sont classés en deux familles : les oméga 6 dont est issu l'acide linoléique et les oméga 3 dont est issu l'acide alpha-linolénique (stars du régime crétois). On les trouve dans les corps gras végétaux (huiles de maïs, de soja, de noix, de tournesol). Certains acides gras essentiels sont également présents dans les poissons gras (anguille, maquereau...).

Tout comme pour les acides gras saturés, une consommation excessive d'acides gras insaturés peut avoir des inconvénients.

Mis à part les acides gras saturés et insaturés, les lipides sont également composés de phospholipides et de cholestérol.

Quel est le rôle des acides gras ? Ils ont pour rôle essentiel d'être vecteurs des vitamines liposolubles et d'intervenir sur le taux de cholestérol dans le sang. Les acides gras essentiels ont un rôle capital dans les processus de croissance et de reproduction, sur l'intégrité des membranes cellulaires, les troubles de la coagulation...

Comment les reconnaître ? Les acides gras saturés donnent des matières grasses concrètes à température ambiante telles que le beurre, le saindoux, la margarine. Les corps gras riches en acides gras polyinsaturés sont fluides à température ambiante. C'est le cas des huiles.

Quelques équivalences en lipides
12 g de beurre = 12 g de margarine
= 30 g de crème fraîche (une cuillère à soupe)
= 10 g d'huile (une cuillère à soupe)

Un mot sur les huiles dites hydrogénées : ce sont des huiles ayant subi une modification de leur consistance par un procédé industriel. Les molécules d'acides gras insaturés sont ainsi transformées en acides gras trans qui permettent de confectionner des margarines plus ou moins solides à température ambiante et de meilleure conservation. L'inconvénient des acides gras trans est d'augmenter le taux de « mauvais » cholestérol et de diminuer le taux de « bon » cholestérol sans oublier l'augmentation du risque de maladies cardio-vasculaires. Ils semblent plus néfastes que les acides gras saturés. Donc, si vous souhaitez limiter votre consommation d'acides gras trans, évitez les produits contenant des huiles végétales hydrogénées comme les plats industriels, les produits frits industriellement, les pâtisseries et viennoiseries du commerce, les biscuits ou la pâte à tartiner...

 Si vous avez du cholestérol

Sachez que la plus grande partie de votre cholestérol est synthétisée par votre organisme. Il est indispensable. Le cholestérol sert en effet à construire et entretenir les membranes qui enveloppent les cellules nécessaires à la synthèse de certaines hormones sexuelles ; il contribue à la production des acides biliaires qui jouent un rôle essentiel dans la digestion ; il participe à la synthèse de la vitamine D si précieuse pour fixer le calcium dans les os.

Le reste du cholestérol provient de votre alimentation. Il n'est pas nécessaire de vous focaliser sur cet apport, qui n'a qu'une influence limitée sur le cholestérol sanguin. Là où le bât blesse, c'est lorsque le taux de cholestérol sanguin est excessif (hypercholestérolémie), surtout il s'agit de mauvais cholestérol (taux de Low Density Lipoprotéins ou lipoprotéines de basse densité plus communément appelé LDL – association moléculaire de protéines et lipides). Le fautif est alors l'excès de corps gras riches en acides saturés !

L'eau

C'est le nutriment indispensable à la vie par excellence. En effet, l'eau permet d'éliminer les déchets de votre organisme, de réguler la chaleur corporelle, d'assurer le transport des nutriments vers les cellules... Elle est par ailleurs constitutive de l'organisme. Ainsi, l'eau représente jusqu'à 70 % du corps d'un adulte (plus de 75 % pour le nourrisson mais 55 % chez une personne âgée). La « palme » revient au cerveau avec un taux de 80 % ! Cela montre son importance.

Où trouve-t-on l'eau (mis à part dans les boissons) ? Elle est présente dans les fruits et légumes frais, les viandes et poissons, à un moindre degré.

Les besoins en eau sont fonction de la température extérieure, de l'âge, de l'activité physique, de l'état de santé... mais il existe certaines constantes. Chaque jour, nous éliminons 2,5 litres d'eau (en urinant, en transpirant, en respirant...). Il nous faut compenser ces pertes. Comment ? Tout simplement en buvant régulièrement et abondamment (pas moins de 1,5 litre d'eau par jour) et en privilégiant les végétaux riches en eau (concombre, salade, pastèque...).

Les vitamines

Les vitamines sont des substances indispensables à l'organisme. Elles sont présentes dans de nombreux aliments. L'organisme ne peut les synthétiser (à part quelques exceptions), elles doivent donc être fournies par l'alimentation. Il est bon de rappeler que les vitamines n'apportent pas de calories !

Une alimentation variée (c'est-à-dire constituée avec des aliments provenant de tous les groupes d'aliments – voir le chapitre 2) couvre les besoins recommandés en vitamines. En revanche, les apports peuvent être insuffisants dans certaines situations. C'est le cas si vous suivez un régime fantaisiste, ou encore si votre alimentation est totalement déstructurée...

Certains facteurs comme le stress, le froid, les infections, les interventions chirurgicales, les traumatismes, la convalescence ou une mauvaise alimentation, augmentent les besoins en vitamines.

On distingue les vitamines hydrosolubles et les vitamines liposolubles.

▶ Les vitamines hydrosolubles (vitamines du groupe B et C) sont présentes dans tous les aliments en quantité plus ou moins importante à une exception près : seul, le sucre ne contient aucune vitamine ! Ces vitamines sont solubles dans l'eau. Pour schématiser, les vitamines B1, B2, PP et B6 sont essentielles au mécanisme d'utilisation de l'énergie, car elles participent au métabolisme des glucides. Les vitamines B5, B8, B9, B12 participent à la plupart des

réactions enzymatiques indispensables au bon fonctionnement de votre organisme. On les trouve dans les légumes et fruits (frais et secs), les céréales, la levure de bière, les viandes, les poissons, les abats, le lait et les produits laitiers.
- ▶ Les vitamines liposolubles sont au nombre de quatre : A, D, E, K. Elles sont généralement associées aux aliments contenant des lipides (beurre, huiles, poissons gras...).

La vitamine C

Lorsque vous êtes fatigué, lorsque vous n'avez pas la forme, vous pensez vitamine C (ou acide ascorbique) et vous avez raison ! C'est la plus connue et la plus consommée. En effet, elle stimule et renforce les défenses de votre organisme contre les infections, aide à résister à la fatigue. Mais elle remplit également d'autres rôles moins connus : elle participe à la constitution de certains tissus comme les tissus de soutien (tissus osseux et cartilagineux) ; renforce l'élasticité et la résistance des capillaires ; participe à la synthèse du collagène et des anticorps ; intervient dans les processus de cicatrisation ; favorise l'absorption du fer (anti-oxydant puissant tout comme le zinc, le sélénium, le béta-carotène et la vitamine E) présent dans vos aliments. Elle joue donc un rôle bénéfique dans les phénomènes de vieillissement et de défense cellulaire. Enfin, c'est un facteur anti-scorbutique.

 Quand a-t-on un besoin accru en vitamine C ?
La carence en vitamine C est exceptionnelle. Cependant, vos besoins en vitamine C augmentent si vous êtes fébrile ou fumeur, si vous avez une activité intense, si vous êtes en période post-opératoire ou si vous êtes enceinte.

On trouve la vitamine C presque exclusivement dans les fruits et légumes frais, surtout ceux consommés crus. Les légumes en conserves et surgelés ne sont cependant pas en reste car, contrairement aux idées reçues, ils sont riches en vitamines et minéraux. On peut la trouver aussi dans les pommes de terre fraîchement récoltées, les abats et les herbes fraîches... Mais ne comptez pas couvrir vos besoins en vitamine C avec les quantités négligeables d'herbes consommées ! Parmi les fruits les plus riches en vitamine C, se trouvent les baies rouges (cassis, groseilles, fraises, framboises), le kiwi, le citron, l'orange. Dans les fruits tropicaux, comptent surtout la goyave et la mangue. Parmi les « légumes » les plus riches en vitamine C, on trouve les choux crus, le poivron vert cru, le cresson, le pissenlit, la mâche, le brocoli, le navet cru, l'oseille, le persil...

Comment la préserver ?

- Lorsque vous préparez un jus de fruit, pressez les fruits au dernier moment et n'attendez pas pour boire votre jus de fruit.
- Un fruit épluché perd une partie de sa vitamine C, donc mangez-le avec ou sans la peau mais consommez-le immédiatement après l'avoir épluché et/ou lavé.
- Il en va de même pour les crudités. En outre, plus elles sont râpées finement ou détaillées en petits morceaux, plus les pertes en vitamine C sont importantes.
- Lavez rapidement les végétaux car la vitamine C migre facilement dans l'eau donc évitez les trempages prolongés.
- La vitamine C est sensible à la cuisson donc préférez des cuissons courtes.
- Soyez vigilants quant au temps de conservation de vos végétaux dans le réfrigérateur : ne les oubliez pas. La vitamine C se dégrade au fur et à mesure du flétrissement des fruits et légumes.

Quelques conseils...

Comment « enrichir naturellement » votre alimentation en vitamine C ?

Saupoudrez vos aliments de persil frais haché, arrosez vos crudités de jus de citron ou d'orange, du cresson dans un potage de légumes, quelques fruits rouges sur un lit de fromage blanc...

■ La vitamine B1

La vitamine B1 est également appelée thiamine ou encore vitamine antinévritique. Elle doit être apportée par l'alimentation puisque l'organisme est incapable de la synthétiser. Sa carence est à l'origine du béribéri, fréquemment observé en Extrême-Orient, qui se manifeste essentiellement par des troubles neurologiques. Aujourd'hui, cette maladie se retrouve encore chez des groupes à risques comme les gros consommateurs d'alcool et les grands dénutris.

La vitamine B1 joue un rôle essentiel dans le métabolisme énergétique et glucidique, elle est essentielle à la croissance et tend à développer l'appétit. Enfin, elle est indispensable à l'intégrité du système nerveux et musculaire. Il est bon d'augmenter votre consommation de vitamine B1 en cas d'activité physique intense, de grossesse ou en cas d'infection.

Où la trouve-t-on ? Elle est présente dans la levure de bière, les germes de céréales, les céréales et produits céréaliers complets, le jaune d'œuf, le lait, les viandes (surtout de porc), les poissons (sole, anguille), les abats (foie), les légumes et fruits secs.

Comment la préserver ?

- Évitez les trempages et les cuissons dans de grandes quantités d'eau sauf si vous consommez le bouillon.
- Utilisez des ustensiles d'épluchage et de découpe en acier inoxydable.
- Évitez de la consommer avec de l'alcool, des choux, des crustacés ou du thé car ces aliments modifient son absorption intestinale.

Quelques conseils...

Un bon réflexe !

En règle générale, il est conseillé de consommer de la viande de porc sous forme de viande ou de jambon blanc une fois par semaine. Cette habitude participe grandement à la couverture des besoins en vitamine B1.

La vitamine B2

Appelée également riboflavine, elle est synthétisée chez l'homme par sa flore intestinale. C'est une des vitamines les plus répandues dans la nature. Elle est nécessaire à l'utilisation des glucides et protéines apportés par l'alimentation. Elle joue un rôle dans les phénomènes de la vision, favorise la croissance, participe au bon état de la peau et des muqueuses.

Où la trouve-t-on ? Elle est présente dans la levure de bière, les produits laitiers, le poisson, la viande, les abats (foie de veau, de bœuf) et les œufs.

Comment la préserver ?

- Évitez les trempages et les cuissons dans de grandes quantités d'eau sauf si vous consommez le bouillon.
- Éviter les cuissons prolongées et le maintien au chaud car tous deux favorisent les pertes de B2.

La vitamine B3 ou PP

Elle se nomme PP car c'est la vitamine intervenant dans la prévention de la pellagre (carence qui se traduit au niveau de la peau par des tâches, des démangeaisons, de l'eczéma...). Appelée également niacine, elle est nécessaire à l'utilisation des glucides, lipides et protéines apportées par l'alimentation. Elle participe également à la synthèse des acides gras et du cholestérol... et joue un rôle important dans la production d'énergie, nécessaire au bon fonctionnement de l'organisme.

Où la trouve-t-on ? Elle est présente dans la levure de bière, les poissons, les viandes et les abats et, à un moindre degré, dans les produits céréaliers et certains légumes et fruits (avocat, figue, datte, prune).

Comment la préserver ?

Elle se préserve très facilement puisqu'elle est peu sensible aux actions de cuisson et de stockage.

La vitamine B5

Appelée également acide pantothénique, la vitamine B5 est largement répandue dans notre alimentation. Elle joue un rôle important dans l'utilisation des glucides, lipides et protéines par l'organisme. Elle est indispensable au bon état de la peau et des muqueuses et aide à la cicatrisation des plaies.

Où la trouve-t-on ? Dans les abats (surtout le foie), les viandes et les poissons, le jaune d'œuf, les céréales et les fruits.

Comment la préserver ?

- Évitez des temps de cuisson trop longs car elle est sensible à la chaleur.
- Réduisez les quantités d'eau de cuisson afin d'éviter que la vitamine ne migre dans l'eau sauf si vous consommez le bouillon.

La vitamine B6

Appelée pyridoxine, la vitamine B6 est indispensable à l'utilisation des protéines par l'organisme. Elle favorise l'entrée et le maintien du magnésium dans vos cellules et joue un rôle dans l'immunité. Elle aide à la formation des globules rouges et est indispensable au bon développement du système nerveux chez le fœtus.

Où la trouve-t-on ? Elle est présente dans la viande, les abats (foie de veau, langue de bœuf), la levure du boulanger, le germe de blé, les céréales complètes, et, à un moindre degré, dans les produits laitiers, les fruits et les légumes.

Pour garantir sa préservation, les conseils sont les mêmes que pour la vitamine B5.

La vitamine B8

On l'appelle également biotine. On la trouve dans les aliments mais l'intestin en produit un peu également. Elle joue un rôle important dans l'utilisation des glucides, lipides et protéines par l'organisme. Elle est connue pour son action contre les dermatites et pour ralentir certaines alopécies (chutes de cheveux).

Où la trouve-t-on ? Elle est présente dans la levure de bière, dans les abats (surtout dans le foie et les rognons), les légumes (champignons), les céréales, les fruits oléagineux (noix, noisettes, amandes), le chocolat, le jaune d'œuf, le saumon, le thon et le lait.

■ La vitamine B9

Appelée également acide folique (ou folates) en raison de sa présence abondante dans les feuilles des végétaux, c'est une vitamine très fragile, sensible à l'air, la chaleur et à l'eau. La vitamine B9 doit être accompagnée de la vitamine B12 pour une meilleure utilisation.

Elle intervient dans l'utilisation des protéines et en particulier des acides aminés (rappelez-vous les « wagons du train » !), dans la fabrication de l'ADN (notre matériel génétique) d'où son importance fondamentale en période de croissance et de grossesse. Elle joue également un rôle essentiel dans le bon fonctionnement cérébral et prévient certaines formes d'anémie.

 Quand faut-il insister sur la vitamine B9 ?
> Veillez à augmenter vos apports en vitamine B9 si vous êtes fumeur, si vous consommez beaucoup d'alcool ou si vous êtes sous contraception hormonale.

Où la trouve-t-on ? La vitamine B9 est présente dans la levure alimentaire (à ajouter dans les laitages ou à parsemer sur les salades), les germes de céréales, le foie, les œufs, les épinards, la salade verte, les choux, les endives, les poireaux, l'artichaut, le melon, l'avocat, les noix, les amandes, les châtaignes, les fromages à pâte molle à croûte fleurie et les fromages persillés (type Roquefort).

Comment la préserver ?

- ▶ Préparez les aliments qui en contiennent à la dernière minute.
- ▶ Conservez les aliments dans de bonnes conditions.
- ▶ Limitez les temps de cuisson.
- ▶ Faites attention au maintien au chaud et au réchauffage de vos préparations car ils lui sont néfastes.

Quelques conseils...

Faites le plein en folates !

Préparez une salade composée à base de salade mélangée, mâche, pousses d'épinards, cerneaux de noix, fromage bleu en dés, betteraves en dés. Assaisonnez d'une vinaigrette à l'huile de noix.

■ La vitamine B12

La vitamine B12 est appelée également cyanocobalamine. Comme certaines vitamines du groupe B, elle joue un rôle dans de nombreuses réactions enzymatiques. C'est une vitamine anti-anémique. Elle est indispensable à la synthèse des protéines et nécessaire au bon état des cellules nerveuses et de la peau.

Où la trouve-t-on ? Elle est présente dans les abats (foie, cœur, rognons), les poissons, les coquillages (huîtres, palourdes), l'œuf entier, le lait et les fromages. Les végétaux ne contiennent pas de vitamine B12.

■ La vitamine A

Elle existe dans la nature sous deux formes : le rétinol et la pro-vitamine A (avec comme chef de file le ß carotène). Ce dernier se transforme en rétinol au niveau de l'intestin. Il se trouve dans les fruits et légumes bien colorés.

La vitamine A est essentielle aux mécanismes de la vision (bon fonctionnement de la rétine), elle intervient dans les mécanismes de la croissance et dans le développement du fœtus, renforce la vitalité des cellules de la peau ; contribue à l'éclat de la peau et des cheveux, augmente la résistance aux infections et joue un rôle particulièrement efficace dans la lutte contre le vieillissement cellulaire en aidant à lutter contre les radicaux libres (ces déchets, produits naturellement lors du fonctionnement cellulaire, ne sont néfastes qu'en excès). Enfin, elle contribue à protéger de certains cancers et troubles cardio-vasculaires.

Où la trouve-t-on ? Dans les huiles de foie de poisson de mer, le foie de poisson ou de boucherie, les œufs (jaune), les produits laitiers non écrémés (en fait dans la partie grasse des aliments d'origine animale), le beurre, les légumes et fruits colorés (ß carotène présent dans les tomates, carottes, épinards, cresson, oseille, persil, abricot, melon...).

Comment la préserver ?

- ▶ Évitez les trempages prolongés.
- ▶ Évitez les cuissons prolongées ; préférez une cuisson vapeur.
- ▶ Conservez vos bouteilles en verre contenant des légumes ou des fruits à l'abri de la lumière.

■ La vitamine D

La vitamine D est principalement fabriquée par l'organisme sous l'effet des rayons du soleil. Encore faut-il s'exposer ! Une insuffisance d'exposition solaire peut être à l'origine du rachitisme (maladie des os et des cartilages du nourrisson et l'enfant en bas âge). C'est pourquoi il est nécessaire de compléter les apports par l'alimentation. En revanche, un surdosage en vitamine D peut être néfaste comme une hypercalcification ou un retard de croissance chez l'enfant.

La vitamine D contribue à contrôler et réguler le métabolisme du calcium et du phosphore, elle participe donc au développement du squelette. Elle favorise l'absorption du calcium au niveau intestinal et facilite sa fixation sur l'os chez l'adulte. Elle contribue ainsi à la prévention de l'ostéoporose (à l'origine de fractures invalidantes).

Où la trouve-t-on ? Elle est présente dans les huiles de foie de poisson (morue, flétan), les poissons gras (hareng, sardine, maquereau, anguille...), le foie, le jaune d'œuf, les produits laitiers non écrémés, le beurre. Les végétaux n'en contiennent pas.

Quelques conseils...

Comment satisfaire vos besoins en vitamine D ?

- Buvez du lait non écrémé.
- Mangez des poissons gras.
- Prenez le soleil (mais pas sans protection solaire, même si celle-ci empêche en partie les rayons du soleil d'activer la synthèse de vitamine D).

■ La vitamine E

Elle appartient à un groupe d'anti-oxydants (tocophérols). C'est une vitamine aux vertus anti-oxydantes puissantes et bien connues. Elle protège l'intégrité des membranes des cellules ; préserve la vitamine A et les acides gras de l'oxydation ; prolonge la vie des globules rouges. C'est aussi un facteur anti-stérilité.

Où la trouve-t-on ? Elle est présente dans les huiles alimentaires essentiellement (surtout les huiles de graines mélangées), l'huile de germe de blé, la margarine au tournesol, les germes de céréales, les fruits oléagineux (amande, noisette), certains poissons (comme le thon à l'huile), crustacés, viandes et œufs.

Les huiles végétales, ainsi que les margarines végétales, en sont les sources naturelles les plus riches. En revanche, la vitamine E ne se trouve pas dans les corps gras animaux. Elle est associée généralement à des produits riches en lipides donc soyez vigilants si vous contrôlez vos apports lipidiques.

Choisir de bonnes huiles
La teneur en vitamine E ne doit pas être le seul critère de choix de votre huile : regardez aussi sa composition en acides gras. Pour assurer des apports suffisants en vitamine E tout en veillant à la qualité des corps gras consommés quotidiennement, variez vos huiles.

■ La vitamine K

La vitamine K a un rôle majeur dans la coagulation du sang (facteur anti-hémorragique). Une alimentation équilibrée suffit à couvrir vos besoins en vitamine K. Elle est également synthétisée par notre flore bactérienne intestinale. La carence en vitamine K est rarement une carence d'apport mais d'absorption (par exemple, les malabsorptions lipidiques peuvent entraîner une carence en vitamine K).

Où la trouve-t-on ? Dans les végétaux (choux, carottes, épinards, tomates, fraises), la pomme de terre, les viandes, les abats (foie) et l'œuf.

Vade-mecum des vitamines

La vitamine C :	contre les infections, pour le tonus, anti-scorbutique.
Les vitamines B1 et B6 :	pour le dynamisme musculaire et cérébral.
La vitamine B2 :	pour l'intégrité de la peau et des muqueuses.
La vitamine PP :	anti-pellagreuse.
La vitamine B5 :	pour la croissance et les cheveux.
La vitamine B8 :	pour une belle peau.
La vitamine B12 et l'acide folique :	contre les anémies.
La vitamine A :	anti-infectieuse, protectrice des épithéliums de croissance, pour la vue, contre les radicaux libres
La vitamine D :	pour l'absorption et la fixation du calcium sur les os (antirachitique).
La vitamine E :	pour prévenir le vieillissement de la peau et les accidents cardio-vasculaires, pour favoriser la fertilité.
La vitamine K :	anti-hémorragique, favorise la coagulation du sang.

Les minéraux et oligo-éléments

Les minéraux et oligo-éléments sont des substances nécessaires au bon fonctionnement de l'organisme. Ils doivent être apportés par l'alimentation... On distingue les minéraux (calcium, phosphore, sodium, potassium, magnésium...) des oligo-éléments (fer, iode [anti-goître], cuivre, zinc, sélénium [anti-oxydant puissant], mobdylène, cobalt, nickel, chrome, fluor [anti-carie])...

Nous ne nous attarderons que sur les principaux, à savoir calcium, phosphore, magnésium, sodium, fer, iode, zinc, sélénium, fluor.

 De multiples bienfaits sans calorie supplémentaire
Les minéraux et oligo-éléments n'apportent pas de calories. En outre, ce sont des substances indispensables qui agissent à très faible dose. Considérez-les comme de véritables alliés !

■ **Le calcium**

Le calcium participe essentiellement à la construction et à l'entretien du squelette et des dents.

Où le trouve-t-on ? Il est présent dans le lait et les produits laitiers, en particulier dans les fromages. Certains comme les fromages à pâtes pressées cuites (parmesan, emmental, Beaufort...) sont plus riches en calcium que d'autres.

Quelques conseils...
Pour augmenter vos apports en calcium

Pensez à ajouter un nuage de lait dans vos thés ou cafés (ou de la poudre de lait ou encore du lait concentré non sucré).
Pensez aux préparations comme les gratins, purées, soufflés, entremets (œufs aux lait, crème renversée...), pâtes à gaufres, à crêpes, gâteau au yaourt, sauces (Béchamel, Mornay...), dés de fromage dans vos salades...

En dehors du lait et des produits laitiers, il existe d'autres sources de calcium d'aussi bonne qualité. Ainsi, la consommation quotidienne de certaines eaux minérales représente un apport calcique complémentaire intéressant (Courmayeur, Vittel, Hépar, Contrex). Quant aux légumes et aux fruits, ils en apportent aussi, certes en quantités bien inférieures à celles des produits laitiers mais cela permet tout de même de compléter la ration quotidienne.

Quelques équivalences en calcium

Un quart de litre de lait écrémé ou non (soit un bol)	= 2 yaourts de 125 g
	= 5 petits-suisses de 60 g
	= 3 barquettes de fromage blanc de 100 g
	= 30 g d'emmental
	= 80 g de camembert
	= 1 kg d'oranges

Par ailleurs, sachez que l'absorption intestinale du calcium dépend pour beaucoup de la vitamine D. Certains aliments contiennent des substances comme l'acide oxalique et l'acide phytique qui empêchent le calcium (mais aussi le magnésium) d'être absorbé correctement par l'organisme; c'est la cas du thé, des épinards, de la rhubarbe, des betteraves, des bettes...

■ Le phosphore

Le phosphore est très répandu dans les aliments. Si vous consommez des aliments riches en protéines et en calcium, alors ne vous faites aucun souci pour le phosphore.

■ Le magnésium

Le magnésium est très important. Il intervient dans la synthèse des protéines, l'activation de certains enzymes, l'excitabilité neuro-musculaire... Sachant que sa carence est à l'origine des crises de tétanie voire certains états spasmophiles, il convient de lui porter une attention toute particulière ! À l'inverse, un excès de magnésium a un effet sédatif.

Où le trouve-t-on ? Dans le cacao, les légumes secs (haricots blancs, lentilles), les fruits oléagineux (amande, noix, avocat...), les farines peu blutées (le blutage correspond au traitement des graines de céréales ayant pour objectif de séparer la farine des constituants périphériques des graines, en particulier la cellulose), le pain complet, les coquillages.

Toutefois, le magnésium apporté par l'alimentation n'est que partiellement absorbé, car il est souvent combiné au calcium qui le chélate (emprisonne).

■ Le sodium, le chlore et le potassium

Ils interviennent dans le maintien de l'équilibre acido-basique et osmotique de l'organisme. Plus précisément, le potassium est indispensable au bon fonctionnement cardiaque et à la contraction musculaire. Ils sont tous trois présents dans tous les aliments.

Parmi les aliments riches en sodium et chlore, il y a les charcuteries (lard, jambon, saucisson, pâtés...), viandes fumées, salées, en conserves ; les conserves de poisson, poissons fumés, fruits de mer ; les fromages ; les conserves cuisinées (choucroute, cassoulet...) ; le beurre salé ; les potages du commerce ; certaines eaux pétillantes (Vichy) sans oublier les cacahuètes, les biscuits apéritif, les olives, la moutarde, les cornichons...

 Un mot sur le sel

Méfiez-vous de l'habitude d'ajouter systématiquement du sel dans tous les plats : goûtez-les d'abord. Apprenez à apprécier la saveur des aliments pour eux-mêmes et gardez à l'esprit qu'une forte consommation de sel peut accroître les risques d'hypertension artérielle.

Parmi les aliments riches en potassium, on compte le persil, les légumes secs (pois cassés, haricots blancs), les fruits secs (pruneaux), les fruits oléagineux (amande) et le cacao en poudre.

■ **Le fer**

Que ferait-on sans le fer pour « construire » les globules rouges ? Le fer joue en effet un rôle primordial dans la fabrication de ces derniers et dans la constitution de l'hémoglobine (pigment coloré des globules rouges transportant l'oxygène des poumons vers les organes). Il est également indispensable à la fonction respiratoire des cellules. Une carence même modérée en fer peut diminuer la résistance aux infections ainsi que les performances intellectuelles.

On distingue deux types de fer : le fer héminique est présent dans les viandes rouges, les charcuteries, les abats (en particulier le boudin noir), les poissons, les œufs. Il est beaucoup mieux assimilé que le fer non héminique. Le fer non héminique est présent dans les légumes et féculents.

Où le trouve-t-on ? Dans les viandes, en particulier la viande rouge (cheval...), certains abats (foie, cœur, rognons, boudin noir), les huîtres, les clovisses, les moules, les épinards, le brocoli, le chou frisé, le cresson, les légumes secs (pois chiches), les œufs (jaune).

Veillez à vos apports en fer si précieux pour certains !
Les personnes qui doivent veiller plus particulièrement à leur apport en fer sont les femmes en général (compte tenu des pertes menstruelles), les femmes enceintes surtout au cours de la seconde moitié de la grossesse ainsi que les personnes suivant des régimes restrictifs.

À toutes fins utiles, sachez que le fer apporté par les végétaux est moins bien assimilé que le fer d'origine animale.

■ L'iode

L'iode est indispensable à la synthèse des hormones thyroïdiennes. Il permet de limiter la fatigue physique et psychique.

Où le trouve-t-on ? Dans les poissons et les fruits de mer (trésors de saveurs iodées !), le sel marin, le sel enrichi en iode, les œufs et les produits laitiers.

■ Le zinc

Le zinc intervient dans la composition de plusieurs enzymes, sans oublier qu'il est impliqué dans de très nombreuses réactions enzymatiques, en particulier dans la synthèse de protéines, et dans le métabolisme des acides gras polyinsaturés. C'est un anti-oxydant efficace. Les besoins sont élevés chez les organismes en croissance.

Où le trouve-t-on ? Surtout dans les huîtres, le poisson, le foie et dans la plupart des végétaux.

■ Le sélénium

Il fait partie des anti-oxydants et s'oppose donc à un excès de radicaux libres dans l'organisme (responsables de l'accélération du processus de vieillissement).

Où le trouve-t-on ? Surtout dans les viandes, les poissons, les crustacés, les œufs, les abats, les céréales, les noix et les légumineuses à un moindre degré.

Un anti-âge efficace !
Si vous voulez lutter efficacement contre le vieillissement prématuré, pensez donc au sélénium. Les apports conseillés en sélénium sont très faibles : un bon apport est indispensable mais un apport excessif risque d'être préjudiciable pour votre santé. Si l'alimentation est correctement composée, la consommation de gélules de sélénium n'est pas indispensable.

■ Le fluor

Très connu pour son rôle durcisseur des os et de l'émail dentaire, le fluor prévient efficacement la carie dentaire.

Où le trouve-t-on ? Surtout dans les épinards, le thé – sans oublier le sel fluoré. On peut également en trouver dans le dentifrice fluoré et des gommes à mâcher fluorées, disponible dans les rayons hygiène et santé des grandes surfaces.

> **Vade-mecum des minéraux et oligo-éléments**
> Le calcium est indispensable à la croissance des enfants et des adolescents, au bon état des os et des dents. Il stimule les contractions musculaires.
> Le phosphore est essentiel pour la formation et la solidité des os.
> Le fer est un anti-anémique.
> Le magnésium intervient dans l'excitabilité neuro-musculaire.
> Le potassium joue un rôle important dans la contraction musculaire.
> Le fluor prévient la carie dentaire.
> Le sodium souligne la saveur des aliments, il assure aussi l'hydratation des cellules.

Comment préserver au mieux vos vitamines et minéraux ?

Pour conserver les vitamines et minéraux de vos aliments, il existe quelques moyens simples et efficaces dont voici un récapitulatif :

▶ Le temps entre la cueillette et la consommation doit être le plus court possible pour garantir de meilleures teneurs en vitamines et minéraux.

- Le stockage se fera à l'abri de l'air et de la lumière.
- Un lavage soigneux mais rapide des végétaux entiers est préférable aux trempages prolongés.
- Consommez la peau des végétaux quand c'est possible, mais toujours après un lavage minutieux. Ou bien faites des épluchures les plus fines possible car les vitamines se concentrent juste sous la peau.
- Utilisez du matériel inoxydable pour l'épluchage et la préparation.
- Préparez fruits et légumes au dernier moment, surtout les crudités et les jus de fruits frais.
- Mettez un filet de citron sur vos crudités dès qu'elles sont prêtes pour limiter les pertes en vitamine C et l'oxydation.
- Adoptez des cuissons courtes, dans un minimum de liquide, à l'abri de l'air et de la lumière. L'autocuiseur remplit toutes ces conditions. Il est donc le mieux adapté. Surtout ne prolongez pas inutilement la cuisson.
- Ne jetez pas l'eau de cuisson de vos légumes : c'est un concentré de bienfaits. Pensez à l'incorporer dans vos potages, sauces...

Quiz vitaminé

Entourez la bonne réponse (une ou plusieurs réponses possibles)
Quelle(s) vitamine(s) faut-il privilégier...

...quand vous êtes fatigué(e) ?
   vitamine A   vitamine E   vitamine C

...quand vous souhaitez une bonne vue ?
   vitamine A   vitamine B3   vitamine B9

...quand vous voulez éviter d'être anémié(e) ?
   vitamine D   vitamine B12   vitamine B9

...quand vous êtes malade ?
   vitamine C   vitamine A   vitamine D

...quand vous voulez lutter efficacement contre le vieillissement ?
   vitamine E   vitamine B2   vitamine K

...quand vous voulez des os solides ?
   vitamine A   vitamine B5   vitamine D

Réponses en page 185

Quiz reminéralisant

...si vous voulez des dents solides ?
   le calcium   le phosphore   le fluor

...si vous êtes stressé(e) ?
   le sodium   le calcium   le magnésium

...si vous voulez éviter d'être anémié(e) ?
   l'iode   le fer   le zinc

...si vous êtes fatigué(e) physiquement et psychiquement ?
   l'iode   le phosphore   le fluor

...si vous êtes en période de croissance ?
   le fer   le calcium   le zinc

Réponses en page 186

Chapitre 2

Des aliments diversifiés

Les aliments que nous consommons nous apportent les nutriments nécessaires à la croissance puis au maintien de notre santé. Chaque aliment a un intérêt nutritionnel propre, aucun ne concentre tout ce dont nous avons besoin. C'est pour cette raison que notre alimentation doit être variée. Il est essentiel pour notre bien-être de choisir intelligemment nos aliments, y compris et surtout ceux que nous ne mangeons pas !

Ce chapitre détaille les différents groupes d'aliments. Pourquoi distingue-t-on différents groupes d'aliments ? Tout simplement parce qu'il est d'usage de regrouper les aliments en fonction de la similitude de leur composition et de leur intérêt nutritionnel. L'association de ces derniers est le gage d'une alimentation saine, variée et équilibrée.

Le lait et les produits laitiers

Ils sont riches en protéines, en calcium, fournissent certaines vitamines du groupe B et des vitamines A et D s'ils ne sont pas écrémés. C'est notre meilleure source de calcium, c'est pourquoi ils sont indispensables pour la croissance de vos enfants et l'entretien de votre squelette. Ils doivent faire partie de votre alimentation quotidienne et si possible à chaque repas.

■ Le lait

Ses atouts nutritionnels, richesse en protéines et calcium, en font un aliment incontournable. Il prend aujourd'hui des saveurs nouvelles, buvez-le nature, en cocktail ou sous forme de milk-shake. Et si vous n'aimez pas le lait, alors mangez-en : incorporez-le dans les sauces Béchamel, Mornay... Pensez également aux fromages. Enfin, si vous préférez une tonalité sucrée, gaufres et crêpes réjouiront votre palais !

<u>Quelques conseils...</u>

Recette de la sauce Béchamel dite « diététique »

Proportions pour une personne : 10 g de farine, 100 ml de lait demi-écrémé, sel, poivre et noix de muscade râpée.

Mettez la farine dans une casserole avec le sel, le poivre et la noix de muscade râpée. Ajoutez le lait progressivement en veillant à ne pas faire de grumeaux. Faites chauffer doucement jusqu'à épaississement. Rectifiez l'assaisonnement.

Si vous le souhaitez, vous pouvez ajouter une noisette de beurre frais ou margarine après cuisson mais ce n'est pas indispensable. En préparant votre sauce Béchamel ainsi, vous évitez l'utilisation de matières grasses cuites, sans pour autant bannir la sauce béchamel, note de plaisir qui agrémente vos légumes.

■ Les laitages

On entend par laitages les yaourts, fromages blancs, petits-suisses... Ces produits sont intéressants sur le plan nutritionnel (calcium, protéines...) si on les consomme natures. Il en va autrement des crèmes desserts et autres produits lactés frais, apparus pour répondre à la demande croissante de consommateurs avides de nouveautés. Ces desserts contiennent matières grasses, sucre, conservateurs, gélatine... Mieux vaut donc être vigilant et vérifiez la composition indiquée sur l'emballage. Ne vous en privez pas pour autant, vous risquez, par frustration, de « craquer » tôt ou tard et de compenser brutalement par une consommation anarchique.

Parmi les produits-phares du moment, on trouve aussi les laitages allégés dits « light ». Là encore, la comparaison au produit de référence est instructive. En effet, certains sont plus sucrés et/ou plus riches en lipides que le produit classique. Paradoxalement, on allège d'un côté et on alourdit de l'autre !

 Bien lire les emballages

Vous gagnerez beaucoup à lire attentivement les indications présentes sur les emballages des produits alimentaires, notamment en ce qui concerne les produits allégés.

Dans la rubrique « composition », vous trouverez les différents éléments qui entrent dans la fabrication du produit. Ils sont classés par ordre décroissant, du composant présent en plus grande quantité au composant dont il n'y a que des traces. Cette indication vous permet de juger d'un seul coup d'œil de la « qualité » d'un produit, de son caractère chimique ou « naturel », des proportions quelquefois excessives de matières grasses, de sucre ou d'édulcorants. De même, les informations nutritionnelles vous renseigneront sur la teneur en glucides, lipides, protéines en valeur énergétique mais aussi, pour certains, en vitamines et minéraux. Ainsi, si un laitage dit allégé comporte une teneur en glucides de plus de 10 g pour 100 g de produit, il est préférable d'acheter des laitages au goût « nature » et de les sucrer vous même, par exemple avec une bûchette de sucre de 5 g. Vous y gagnez en calories et conserverez le goût sucré si vous ne pouvez vous en passer. Le plaisir sera quand même au rendez-vous : c'est le plus important.

■ Les fromages

Notre pays a l'immense privilège d'offrir une grande diversité de fromages. Sachons profiter de cette richesse ! Il se dessine huit grandes familles de fromages. Quelles sont-elles ? On distingue :

- ▶ les fromages frais (fromage blanc, demi-sel...) ;
- ▶ les fromages à pâte molle (Camembert, Brie, Neufchâtel, Carré de l'Est...) ;
- ▶ les fromages à pâte molle, à croûte lavée (Époisses, Livarot, Pont-L'Évêque, Munster...) ;

- les fromages à pâte persillée (Bleu d'Auvergne, Fourme d'Ambert...) ;
- les fromages de chèvre (Chabichou, Picodon, Valençay...) ;
- les fromages à pâte pressée non cuite (Tome, Cantal, Saint-Nectaire, Morbier...) ;
- les fromages à pâte pressée cuite (Comté, Beaufort...) ;
- les fromages fondus.

Il y a bien de quoi en faire « un plat », ou tout au moins de varier les plaisirs... avec plus de 400 sortes de fromages sans compter les fromages étrangers qui font de plus en plus parler d'eux !

Les fromages sont réputés pour leur apport en protéines animales, en calcium et en sodium. Ceci ne doit pas pour autant faire oublier leur apport en graisses cachées ! Mais même si leur consommation contribue largement à l'augmentation de la charge lipidique de votre alimentation, ce n'est pas pour autant qu'il faut les bannir de celle-ci.

 Décoder les pourcentages réels de matière grasse

Le pourcentage de matières grasses affiché sur les emballages des fromages ne reflète pas la réalité : en effet, l'étiquette d'un emmental qui affiche 45 % de matières grasses signifie que ce taux de matières grasses correspond à la quantité de lipides contenue dans 100 g d'extrait sec. Mais si l'on compte sur la masse totale (qui contient un fort pourcentage d'eau), la quantité de lipides est bien inférieure à 45 g.

Vous pouvez aussi opter pour des fromages dits allégés, ces fromages qui ne sont pas des fromages « traditionnels » mais qui leur ressemblent étrangement ! Cependant ne perdez pas de vue que l'allègement ne doit pas se faire au détriment du goût. Mieux vaut manger moins de fromage mais savourez le goût d'un vrai fromage !

Retenons l'essentiel !

Le lait et les produits laitiers sont des aliments très riches en protéines animales, en calcium et en vitamine A et D, surtout s'ils ne sont pas écrémés. L'idéal serait de les faire figurer à chaque repas.

Les viandes, poissons, œufs et abats

Les viandes, poissons, œufs et abats contiennent des protéines de bonne qualité et du fer bien assimilable. Mais toutes les sources de protéines ne sont pas d'égale valeur.

■ Les viandes

Les morceaux à griller ou à rôtir sont caractérisés par une teneur lipidique peu élevée et une haute teneur protéique. En revanche, les autres morceaux, qui nécessitent d'être attendris par la cuisson, sont plus riches en lipides et moins riches en protéines. Bien que leur longue cuisson les rende moins facilement digestes, ne boudez pas pour autant votre patrimoine culinaire. Choisissez des morceaux de qualité et mettez-les en scène en vous inspirant des recettes traditionnelles !

 Si vous aimez beaucoup la viande, ou alors pas du tout...
Il n'est pas indispensable de consommer de la viande 2 fois par jour. Cependant, si tel est votre cas, réduisez les quantités à chaque repas. Si vous n'aimez pas la viande, vous pouvez aussi bien la remplacer par des œufs ou par des poissons, des abats, de la volaille ou occasionnellement par des produits laitiers (voir les tableaux d'équivalences pages 19 et 33).

■ Les charcuteries

Longtemps accusées de toutes les misères du monde (cholestérol, excès de lipides...), les charcuteries sont reconnues aujourd'hui pour leurs atouts nutritionnels non négligeables : protéines de bonne qualité, acides gras indispensables, vitamines. De plus, leur teneur en lipides a notablement diminué.

Ces aliments présentent un réel intérêt nutritionnel dans la mesure où ce sont des produits de qualité. Apprenez à bien choisir vos charcuteries et bannissez, si possible, celles qui contiennent des additifs chimiques !

On peut classer schématiquement les charcuteries comme suit :

- ▶ Moins de 10 % de lipides : jambons cuits, rôti de porc cuit, filet de bacon ;

- 10 à 20 % de lipides : jambons secs, andouille, andouillette, boudin blanc ;
- 20 à 30 % de lipides : saucisse, saucisson, pâtés, terrines ;
- Plus de 30 % de lipides : rillettes, foie gras, mousse de foie, saucisson sec, chorizo.

Vous allez aimer : contrairement aux idées reçues, les lipides des charcuteries ne sont pas à dominante saturée !

Quiz charcutier

Connaissez-vous bien la richesse en lipides des charcuteries que vous consommez ? Pour le savoir, classez ces charcuteries des plus riches au moins riches.
a) Rillettes
b) Saucisse de Francfort
c) Jambon fumé
d) Pâté de campagne
e) Mortadelle
f) Saucisson
g) Jambon de Paris

Réponses en page 186

■ Les poissons

Le poisson, richesse de nos océans, est l'allié de notre santé par excellence. Outre leur apport en « bonnes graisses », les poissons sont aussi très riches en vitamine D et en protéines d'excellente qualité. Leurs apports en iode et en fluor sont également très appréciables.

 Poisson d'élevage ou poisson sauvage ?

Un poisson d'élevage est généralement plus gras que le poisson sauvage mais moins contaminé par le mercure (métal toxique).

Certaines espèces sont fortement contaminées. C'est le cas, par exemple, du thon dont la consommation devrait être limitée voire évitée surtout chez la femme enceinte.

Les poissons gras (anguille, sardine, maquereau, hareng, saumon), en particulier, sont vraiment à considérer, de par leur richesse en oméga 3, comme des points forts pour notre santé. Les poissons maigres ne doivent pas pour autant tomber dans les oubliettes. Cabillaud, dorade, lieu, lotte, merlan, merlu, sole... vous permettent de varier vos menus. Gras ou maigre, n'hésitez donc pas à consommer du poisson !

Quelques conseils...

Améliorez votre ordinaire !

Pour rendre des poissons fermes (comme la lotte, par exemple) moelleux et leur conférer un goût exotique, cuisez-les dans du lait de coco en guise de court-bouillon.

■ Les œufs

L'œuf est une excellente source de protéines. De plus, il est riche en phosphore et en fer. Il porte depuis longtemps le blâme d'être très riche en cholestérol mais il faut savoir que ce dernier se trouve dans le jaune et non dans le blanc. C'est le jaune qui concentre les lipides et par conséquent les vitamines liposolubles (A et D). Le blanc d'œuf est quant à lui dépourvu de lipides et recèle d'ailleurs l'essentiel du potassium et de la vitamine B12 contenu dans l'oeuf. Si vous ne présentez aucun problème de cholestérol, il n'y a aucune raison pour vous interdire les œufs ou les limiter. D'ailleurs, il ne faut pas mettre tous vos œufs dans le même panier ! Il y a des préparations qui ne nécessitent pas l'ajout de matières grasses, comme les œufs durs, les œufs à la coque, les œufs mollets ou encore pochés...

■ Les abats

Les abats se conjuguent au pluriel : foie, cœur, langue, rognons, tripes, joue, queue... Ils sont peu consommés de nos jours. C'est dommage, car leurs vertus nutritionnelles sont grandes. Ils sont en effet riches en protéines, fer, zinc, vitamines... et pauvres en lipides, contrairement aux idées reçues ! Certes, certains affichent une certaine richesse en acide urique et en cholestérol... Dans l'idéal, il faudrait en consommer une fois par quinzaine.

Retenons l'essentiel !

Les viandes, les poissons, les œufs et les abats sont des aliments très riches en protéines animales de très bonne qualité. Ils sont riches en fer (surtout les abats), en vitamine B et en vitamine A (jaune d'œuf et abats), en iode (poissons de mer et fruits de mer).

Les céréales, produits céréaliers et assimilés

■ Les céréales

Les céréales ont longtemps constitué la base de l'alimentation. Les principales sont le blé, le riz, le maïs. Les céréales dites secondaires sont l'orge, l'avoine, le seigle... Quant au sarrasin (ou blé noir), il est assimilé aux céréales bien qu'il ne fasse pas partie des graminées. Les céréales sont une source d'excellents constituants nutritionnels.

Pour changer du riz, pensez au quinoa ou « riz des Incas » (pseudo-céréale), très intéressant nutritionnellement puisqu'il est riche en vitamines, minéraux, oligo-éléments, acides gras insaturés. Quant au blé, on peut le consommer comme un « légume ». Il est riche en fibres, protéines, phosphore, vitamine PP et son goût est apprécié des enfants.

 Céréales et petit déjeuner

Les céréales sont généralement riches en glucides et pourvoyeuses d'énergie. Certaines sont sources de fibres et de lipides (cela dépend des ajouts). Mais méfiez-vous de celles qui sont doublement riches : en glucides simples et en lipides. Les pétales de maïs sont un produit classique bien composé. Faites-leur la part belle si vous êtes un adepte des céréales au petit déjeuner.

Le pain

Surtout, n'oubliez pas de manger du pain : sa consommation est à augmenter dans le cas d'une consommation peu importante de féculents… et inversement ! Contrairement aux idées reçues, le pain ne fait pas grossir : c'est ce qui l'accompagne (beurre, pâte à tartiner, rillettes…) qui vous joue des tours.

 Pain ou biscottes ?

Le pain apporte une multitude d'éléments nutritifs : glucides complexes, protéines végétales, minéraux (magnésium, fer) et vitamines du groupe B. Sa consommation est donc recommandée.

En ce qui concerne les biscottes, elles sont plus riches en lipides que le pain, donc plus énergétiques à poids égal. Il n'est pas pour autant nécessaire de les écarter de votre alimentation. Consommez-les en alternance avec d'autres produits céréaliers.

Si vous souhaitez jouer la carte des fibres, préférez les pains complets, bis, aux germes de blé, au son, de seigle, multicéréales… Ils sont plus riches en fibres que le pain blanc mais sachez que celui-ci n'est pas en reste car il en contient également en quantités non négligeables. Le mieux est de varier vos habitudes. Pourquoi ? D'un côté, le pain blanc est moins riche en fibres, qui comme les minéraux et vitamines, se trouvent dans le germe et les enveloppes du grain de blé, éliminés lors du raffinage. D'un autre côté, l'absorption des minéraux et vitamines du groupe B est meilleure avec le pain blanc. En effet, l'acide phytique qui est un composé du phosphore présent dans le pain complet entrave l'assimilation de ces derniers. En ce qui concerne le pain au son, de par sa grande richesse en fibres, il peut s'avérer très irritant pour la muqueuse intestinale. Préférez-lui le pain complet ou de seigle.

Outre le pain blanc, le pain complet ou le pain au son, il existe toutes sortes de pains : pain aux figues, aux noix, fougasse aux olives, pain de campagne au roquefort… Vous pouvez même trouver de la baguette dite diététique (à base d'oméga 3) ! Mais la vraie baguette avec un vrai goût de pain n'est-elle pas meilleure ? Du reste, sachez que vous n'avez aucunement besoin de ce type de produit si votre alimentation est variée. Les huiles végétales sont déjà sources d'oméga 3, il n'est pas nécessaire d'en ajouter dans le pain !

Parmi les pains « à la mode », on trouve aussi le pain de campagne, qui en plus d'être à la mode est aussi « l'ancêtre » des pains ! Fabriqué à partir de farine de blé coupée d'un peu de farine de seigle, il est caractérisé par un pétrissage et une fermentation plus longs, une croûte épaisse farinée et une conservation plus longue que la baguette. Le pain au levain, qui fait aussi parler de lui, se caractérise par l'absence de levure : la fermentation est spontanée grâce à l'utilisation du levain, pâte composée de farines de seigle et de blé, seules ou mélangées. Son goût est légèrement acidulé et son parfum caractéristique. Sa mie plus compacte fait qu'il absorbe moins bien les sauces. Enfin, le pain Poilâne est un pain composé d'épeautre (blé rustique contenant des sons), de sel de Guérande et de levain naturel, au goût aigre et de couleur grisâtre caractéristiques. Ce pain est riche en vitamines, minéraux et fibres.

■ Les autres produits céréaliers

Pâtes, semoule... ils sont riches en glucides complexes, en protéines végétales, en vitamines du groupe B, et en minéraux. Ne les diabolisez pas sous prétexte qu'ils font grossir. C'est bien souvent la sauce ou encore la garniture qui est responsable de cette réputation et qui doit donc être passée à la loupe.

Un produit céréalier est indispensable à chaque repas, que ce soit en en plat principal (par exemple, un plat de riz), en entrée (taboulé, salade de pâtes), en dessert (tarte aux pommes), sans oublier le pain.

Les biscuits et pâtisseries font aussi partie des produits céréaliers. Leur valeur énergétique est variable mais généralement importante de par la présence de sucre, de matières grasses, de lait et d'œufs. Pour peu que ces produits soient confectionnés à base de crème, beurre, œufs (par exemple, les éclairs, religieuses, Paris-Brest...), ils deviennent de véritables bouillons de culture (bactéries...) s'ils ne sont pas conservés au frais, et risquent d'être sources d'intoxications alimentaires. Il est donc impératif de les conserver au réfrigérateur.

Retenons l'essentiel !

Les céréales, produits céréaliers et assimilés sont de grands pourvoyeurs d'énergie, riches en minéraux, en vitamine B1 et B2, en protéines végétales, et en fer végétal (moins bien assimilé que le fer animal).

Idéalement, il faudrait consommer une fois par jour des féculents en plat principal, en alternance avec les légumes verts (suivant votre activité physique, votre âge et votre appétit. Voir en chapitre 4).

La pomme de terre

« Fruit » de la terre, riche en glucides complexes et en protéines végétales, la pomme de terre apporte des fibres, des vitamines (B1 et C principalement), du fer et du potassium. Pour conserver au mieux ses bienfaits nutritionnels, conservez-la à l'abri de la lumière et mangez-la à la vapeur.

 Frites et acrylamide

L'acrylamide est une molécule toxique aux effets néfastes sur la santé (cancérigène chez les animaux) qui se forme dans certains aliments cuits à une température élevée comme les frites. Sachez que ce sont ces dernières qui contiennent la plus forte teneur en acrylamide. Il vaut donc mieux limiter votre consommation de fritures.

Il existe une multitude de variétés de pommes de terre à choisir en fonction des préparations auxquelles vous les destinez. Prenons par exemple les pommes de terre à chair ferme (Charlotte, Rosa, Nicola, Ratte, Belle de Fontenay...) : comme elles ne se délitent pas à la cuisson, elles sont idéales pour les salades, les cuissons à la vapeur, en robe des champs ou encore sautées, gratinées. Si vous souhaitez faire une purée ou un potage, choisissez plutôt une variété à chair farineuse (faible teneur en eau) comme la Bintje.

Les végétaux

■ Les légumes et fruits frais

Légumes et fruits sont riches en glucides simples, en vitamines antioxydantes (vitamine C, ß carotène), en minéraux, en fibres et en eau. On ne peut que compter sur eux pour couvrir nos besoins en vitamine C. Alors ne les boudez pas. Profitez de leurs bienfaits ! Le PNNS (Programme National Nutrition Santé) recommande de consommer 5 fruits et/ou légumes par jour, en raison de l'abondance en fibres, minéraux et vitamines qu'ils assurent. Mais comment parvenir à ce chiffre ? Il vous suffit par exemple de consommer chaque jour :

- un verre de jus de fruits frais ;
- une entrée de légumes crus (crudités) ;
- un plat de légumes cuits ;
- un dessert à base de fruits cuits (par exemple, une compote) ;
- et au minimum un fruit frais par jour.

Vos fruits et légumes peuvent être frais, en conserves ou surgelés. Préférez-les natures ou préparez-les à la maison. Choisissez de préférence des fruits de saison (Ainsi, vous contribuez à favoriser le développement durable plutôt que la culture en serre et les dépenses énergétiques nécessitées par les importations d'origine lointaine pour avoir des fraises en janvier).

Sachez que plus les légumes sont colorés, plus ils contiennent d'antioxydants. Mangez les légumes avec leur peau le plus souvent possible : c'est là que sont les fibres. Mais lavez soigneusement les végétaux pour éviter de consommer traces d'engrais, pesticides, en plus des vitamines !

Calendrier des fruits et légumes

	Fruits	Légumes
Automne	Orange, clémentine, pamplemousse, kiwi Pomme, poire, raisin Prunes (reine-claude, quetsche...) Banane Figue Noix Châtaigne Pruneaux	Champignons Brocoli, chou, chou-fleur, choux de Bruxelles Courgette Poireau Aubergine Poivron Navet Potiron
Hiver	Orange, clémentine, pamplemousse, citron, kiwi Pomme, poire Ananas Banane Mangue	Endives Brocoli, chou, chou-fleur Carotte Épinards Poireau Mâche, pissenlit Flageolets, fèves, haricots secs, pois chiches
Printemps	Orange Pomme, poire Mangue Fraise Cerise	Artichaut Asperge Concombre Mâche, cresson Petits pois, pois gourmands Radis Tomate Pommes de terre nouvelles (Attention ! Elles font partie des féculents, même si on les trouve le plus souvent au rayon des légumes.)
Été	Abricot Cerise Fraise, framboise, mûre, cassis, groseille Nectarine, pêche Mirabelle Pastèque, melon Amandes	Courgettes Concombres Haricots verts, haricots mange-tout Oseille, roquette Poivron Aubergine Artichaut

Les anti-oxydants

Vitamine C, vitamine E, ß carotène, sélénium et polyphénols sont des alliés précieux car ils sont capables de piéger les radicaux libres, ces molécules contenant de l'oxygène qui, si elles sont présentes en grande quantité dans l'organisme, sont toxiques pour celui-ci et responsables du vieillissement cutané. Au palmarès des aliments « anti-rides », citons les agrumes, la fraise, le kiwi, la cerise, les amandes, l'ail, l'échalote et les épinards.

Ne craignez pas d'acheter des légumes surgelés. Ils ne sont pas dépourvus de vitamines et minéraux. Au contraire, ils en sont souvent plus riches que les végétaux qui séjournent plusieurs jours dans les rayons des supermarchés. Quant aux conserves, elles contiennent souvent du sel et du sucre : prenez le temps de vérifier leur composition avec attention.

Retenons l'essentiel !

Les végétaux sont très riches en minéraux et vitamines (pour peu que l'on respecte les petits conseils donnés en page 38) et en fibres (moins irritantes si les légumes sont cuits).

Prenez l'habitude de consommer un plat de légumes cuits à l'un des deux principaux repas, en alternance avec des féculents (la quantité consommée sera en fonction votre activité physique, votre âge, votre appétit). Ajoutez-y deux fruits par jour et une entrée de crudités.

■ Les légumes secs

N'oubliez pas au fond de vos placards les légumes secs (lentilles, haricots secs, pois chiches, pois cassés, fèves...). Ils doivent tenir également une place importante dans votre alimentation en raison de leur richesse en vitamines du groupe B, en minéraux (en particulier, magnésium, potassium, fer) et en fibres. En revanche, leurs protéines nécessitent une supplémentation (voir, pages 163-164, les explications sur le végétarisme). Enfin, autres atouts importants, ils se conservent facilement et permettent de réaliser des plats peu onéreux.

■ Les fruits secs et oléagineux

Les fruits secs (abricot, datte, figue, pruneau...) sont de véritables concentrés d'énergie, de minéraux et d'oligo-éléments mais aussi de fibres. Ils aident à lutter efficacement contre la fatigue et sont préconisés lors d'efforts physiques intenses. Il ne faut pas les confondre avec les fruits oléagineux (cacahuète, amande, noix de cajou, pistache, noix et noisette...), réputés pour leur richesse en lipides mais qui présentent un bon point tout de même : leur richesse en acides gras polyinsaturés.

Les corps gras

Beurre ou margarine, huiles, crème fraîche... Ils sont riches en lipides et, donc, très énergétiques. Certains sont sources de vitamines A, D ou E et d'acides gras essentiels (AGE). Ces derniers jouent un rôle important pour la santé.

■ Le beurre

Produit authentique par excellence, il est, à poids égal, moins énergétique que l'huile. Il est idéal pour vos tartines, au petit déjeuner, ou consommé cru sur vos légumes (ne serait-ce que pour l'apport en vitamines A et D). Vous pouvez lui préférer la margarine en sachant que la composition de cette dernière est moins « naturelle ». Sa qualité nutritionnelle dépend des huiles entrant dans sa composition donc lisez bien les étiquettes. Vérifiez notamment la proportion de corps gras saturés qui doit être faible.

■ Les huiles

Vous connaissez et utilisez sans doute déjà les huiles de tournesol et d'olive mais bien d'autres variétés s'offrent à vous : huile de colza, de maïs, de germe de blé, de pépins de raisin, de soja, de noix, de noisette... Pensez à les alterner ou encore à les mélanger. Quelle huile choisir ? Le choix de l'huile est avant tout une question de bon sens. Encore faut-il connaître leurs qualités spécifiques.

- Pour la richesse en acides gras mono-insaturés : huile d'arachide, d'olive, de colza ;
- Pour la richesse en acides gras polyinsaturés : huile de tournesol, maïs, soja, noix ;
- Pour les fritures : l'huile d'arachide est la meilleure car elle ne contient pas d'acide alpha linoléique, ce qui lui confère une grande stabilité à la chaleur. Sachez que l'huile de tournesol peut également convenir pour les fritures mais elle est plus fragile que l'arachide.
- Pour les assaisonnements : on choisira plutôt l'huile d'olive, de maïs ou de colza.

■ La crème fraîche

Ce régal gourmand est moins énergétique que les huiles et le beurre (à quantités égales). Pensez donc à elle pour remplacer de temps à autre le beurre dans les potages, les purées, les légumes cuits... Vous pouvez aussi moderniser votre sempiternelle vinaigrette en testant un mélange de crème liquide, de moutarde, de sel et poivre sur vos salades.

Ne supprimez pas les corps gras !

Ce serait une erreur de supprimer totalement les corps gras de votre alimentation. Il en faut un minimum car votre corps a besoin des acides gras essentiels, contenus essentiellement dans les huiles végétales. En revanche, évitez les produits industriels incorporant dans leur composition de l'huile de palme ou de coco qui sont riches en acides gras saturés et qui ne sont pas recommandées pour vos artères.

Sachez enfin qu'il y a autant de lipides dans le beurre que dans la margarine. Mais le beurre contient moins de lipides que les huiles. Le beurre, étant plus riche en lipides que la crème fraîche, est naturellement plus gras. Ce sont les spécialités laitières allégées (crème fraîche dite « allégée ») qui sont les plus pauvres en lipides (mais aussi en acides gras essentiels).

Retenons l'essentiel !

Les corps gras sont riches en énergie et en vitamines liposolubles (A, D, E). Ce qui est important, c'est la qualité des matières grasses utilisées. Mais il importe aussi de varier les corps gras consommés.

Pour vos tartines, privilégiez le beurre frais ou la margarine végétale tandis que les huiles sont préférables pour les assaisonnements et la cuisson. Là encore, l'alternance est le maître mot. Quelle que soit l'huile, toutes renferment la même quantité de lipides (100 %) mais la composition en acides gras est différente en fonction de l'huile.

Le sucre et les produits sucrés

Ces aliments sont les seuls à ne pas être indispensables à votre organisme... mais leur bienfait sur le moral est réel, tant qu'ils sont consommés avec parcimonie.

Au rang des produits sucrés, on citera le miel, la confiture, la gelée, la marmelade, le chocolat, le cacao, les confiseries, les sorbets... et les crèmes glacées, souvent classées par erreur dans les produits laitiers. En effet, malgré leur teneur intéressante en protéines et en calcium, leurs teneurs en lipides, glucides et par conséquent leur valeur énergétique n'en sont pas moins négligeables. Elles seront donc assimilées aux produits sucrés.

Quelques conseils...

D'autres douceurs que le sucre

Si vous aimez la saveur sucrée, sachez qu'il existe d'autres solutions que le sucre pour adoucir vos préparations. Vous pouvez ajoutez dans vos gâteaux de l'essence de vanille ou de l'extrait de café ; agrémenter salades de fruits et crêpes d'eau de fleur d'oranger ou d'eau florale de lavande ; jouer avec les épices comme la cannelle (délicieuse dans les compotes), pensez aussi au réglisse, aux feuilles de menthe, au zeste de citron ou d'orange.

Quant au chocolat... Si vous recherchez un pourvoyeur de vitamine A, D, E, B1, potassium, magnésium, phosphore, le chocolat vous comblera... pourvu qu'il contienne plus de 60 % de cacao ! Si vous recherchez un anti-stress « naturel », une « consolation » pour vous aider face aux difficultés de l'existence ou tout simplement un instant de plaisir... le chocolat répond à tout cela, et peut être conseillé à tous, à tout âge, à condition de ne pas dévorer toute la plaque !

Le sucre et les produits sucrés doivent représenter 10 à 15 % de l'apport énergétique total, soit 8 à 10 morceaux de sucre de 5 g. Gardez à l'esprit qu'une bouteille de 25 cl de boisson au cola apporte cinq morceaux de sucre et qu'un yaourt aromatisé en apporte 2 à 3. Réglez votre consommation journalière en fonction de votre appétence pour le sucré, mais tenez compte dans votre calcul des collations éventuelles que l'on a tendance à oublier !

Pour les museaux sucrés

Le sucre et certains produits sucrés ne présentent que peu d'intérêt nutritionnel. Les gourmands doivent se faire une raison ! Son intérêt est principalement gustatif. Il n'y a cependant aucune raison de les supprimer totalement, si ce n'est pour une raison médicale.

Les boissons

■ L'eau

L'eau est bonne à consommer sans modération. C'est la seule boisson indispensable qui étanche la soif et ne dénature pas le goût des plats. Elle est essentielle au bon fonctionnement de l'organisme, sert à éliminer les déchets de celui-ci, maintient la température du corps la plus constante possible. Elle est apportée par les aliments (surtout les fruits et les légumes frais) mais surtout par les boissons.

Quand faut-t-il boire davantage ?

Vos besoins sont accrus quand vous êtes fiévreux, quand la température extérieure est élevée, quand vous êtes dans une ambiance surchauffée, quand vous faites du sport ou si votre transpiration est abondante.

Si vous n'aimez pas l'eau, pensez thé, café, infusions, bouillons de légumes ou potage, jus de fruits ou de légumes... Vous pouvez aussi ajouter un zeste de citron ou d'orange dans votre eau. Le lait peut aussi vous servir de boisson. Enfin, vous trouverez dans le commerce des eaux aromatisées peu édulcorées, voire pas du tout.

Attention ! Les boissons alcoolisées ne peuvent être considérées comme une source d'eau, mais uniquement comme une source de plaisir... et sont à consommer avec modération !

Par ailleurs, vous pouvez aussi profiter des eaux minérales diverses dont regorgent les rayons des supermarchés.

- Si vous avez une alimentation déséquilibrée ou carencée en sels minéraux (c'est souvent le cas des personnes âgées ou de ceux qui suivent un régime hypoénergétique), choisissez plutôt des eaux très minéralisées comme Badoit, Contrex ou encore Arvie.
- Si vous avez des problème de constipation, choisissez plutôt une eau sulfatée (dont l'effet est laxatif) comme Hépar ou Contrex.
- Si votre digestion est difficile, choisissez plutôt une eau bicarbonatée comme Badoit, Saint-Yorre, Vichy Célestins, Quézac.
- Enfin, si vous suivez un régime contrôlé en sel, les eaux d'Evian, Valvert, Vittel vous conviendront.

Quelques conseils...

Surfez sur la vague des tisanes de confection « maison »

Pour favoriser l'endormissement : quelques gouttes d'eau de fleur d'oranger ou un peu de miel dans une infusion de feuilles de tilleul (vertus apaisantes).

Pour mieux digérer : feuilles de verveine (ou sauge) agrémentées de quelques feuilles de menthe fraîche.

Pour vous requinquer et vous revitaliser : infusion de feuilles de cassis ou de fraise avec un trait de jus de citron ou des rondelles de citron.

Attention toutefois ! Certaines plantes pour tisanes ne sont pas des produits anodins, elles peuvent même se révéler être de véritables médicaments, surtout si elles sont consommées de façon anarchique. Demandez conseil à votre pharmacien.

■ Les boissons sucrées

Savez-vous faire la différence entre les différents types de boissons sucrées qui s'offrent à vous ?

▶ Les jus de fruits ne peuvent être considérés comme équivalents aux fruits sauf si votre jus est « pur jus, pur fruit » (100% pur jus) : il ne contient alors que le sucre naturellement présent dans le fruit d'origine. Mais il ne faut pas confondre un jus de fruits frais pressé maison et les jus de fruits pasteurisés qui sont quelque peu inférieurs au niveau richesse minérale et vitaminique.

▶ Le nectar de fruits est un mélange de jus de fruits ou de jus de fruits concentré ou de purée de fruits additionnée d'eau et de sucre qui est à réserver pour les petites occasions.

▶ Les boissons aux fruits (au jus de fruits ou à la pulpe de fruits) sont composées d'eau, de sucre, de jus de fruits, éventuellement d'arômes naturels, d'extraits de plantes, d'édulcorant de synthèse, d'additifs (acidifiants...).

▶ Les sodas très prisés par les enfants et adolescents doivent être limités (à réserver par exemple pour les anniversaires) car outre leur apport important en sucre (pas moins de 7 morceaux de sucre par canette de 33 cl), ils présentent les inconvénients digestifs des boissons gazeuses. De plus, ils ne désaltèrent pas, contrairement à l'eau. Enfin, ils sont composés de divers arômes et colorants souvent chimiques. Ce sont des boissons qui n'ont d'autre intérêt que leur saveur aromatique et le plaisir qu'elle apporte. Elles doivent être réservées à des occasions exceptionnelles.

Si vous aimez le goût sucré, pensez aux boissons édulcorées qui peuvent être une alternative aux boissons sucrées citées ci-dessus. Là encore, lisez bien les étiquettes : toutes les boissons « light » ne se valent pas.

■ Les boissons alcoolisées

Toute boisson alcoolisée doit être consommée en quantités modérées. C'est une notion relative, me direz-vous ? En principe, on entend par quantités modérées 20 g d'alcool pur par jour pour un homme, moins encore pour une femme. Seule une telle modération vous garanti un effet stimulant voire protecteur sur votre organisme. Au-delà de ces quantités, l'effet de l'alcool sera davantage celui d'un léger sédatif, des troubles de la mémoire...

Alcool et quantités
10 g d'alcool pur = un verre de Cognac à 40°
= un pastis à 45°
= un verre de vin à 11°
= un apéritif à 20°

Mis à part l'alcool, les boissons alcoolisées contiennent un peu de vitamines, minéraux, protéines, glucides, des flavonoïdes (dans le vin)... soit autant de bonnes raisons pour en consommer mais avec modération. Mais surtout ne consommez jamais ces boissons à jeun ou sans accompagnement (glucides, protéines...) ! Aussi, ces quantités sont à moduler en fonction de votre état de santé, de votre corpulence... et dans tous les cas à prohiber chez les femmes enceintes et allaitantes, les enfants et les adolescents, si vous avez l'intention de prendre le volant ou si vous suivez un traitement médicamenteux.

■ Le thé et le café

Ces boissons sont connues pour leur apport en théine et caféine, substances légèrement diurétiques, ayant un effet stimulant sur la digestion et un effet tonique cardiaque. Thé et café masquent la fatigue mais ne la font pas disparaître et ne dissipent en aucun cas les vapeurs d'alcool !

 Bon à savoir !
L'avantage du thé est sa richesse en fluor mais son inconvénient est qu'il diminue l'absorption de fer.
Le café robusta contient plus de caféine que le café arabica.

Retenons l'essentiel !

Pour rester en bonne santé, il faut consommer au minimum 1,5 litre d'eau par jour... et ne pas dépasser un demi-litre de boissons alcoolisées par jour. Ainsi, une femme évitera de consommer plus d'un quart de litre de vin par jour (soit un bon verre de vin), tandis qu'un homme ne dépassera pas un demi-litre de litre de vin par jour (soit un maximum de deux à trois verres de vin).

Vade-mecum des apports nutritionnels des aliments
C'est la variété des aliments qui assure l'équilibre alimentaire, car elle seule permet des apports diversifiés.
Lait et produits laitiers : protéines animales, calcium, vitamines A, D (sauf s'ils sont écrémés) et B, lipides ;
Viandes, poissons, œufs et abats : protéines animales, fer, vitamines B, PP, A, lipides, iode pour les poissons de mer ;
Céréales et produits céréaliers : glucides complexes, vitamines du groupe B, fibres alimentaires (surtout s'ils sont complets), protéines végétales ;
Végétaux : vitamines, minéraux, fibres alimentaires, glucides simples, eau ;
Corps gras : lipides, acides gras essentiels, vitamines A et D ;
Sucre et produits sucrés : glucides simples ;
Boissons : l'eau est la seule boisson indispensable.

Chapitre 3

Une bonne répartition des apports journaliers

Après vous avoir « gavé » de nutriments aux noms barbares pour que vous en sachiez un peu plus sur les groupes d'aliments et leurs intérêts, il nous faut aborder quelques règles d'or concernant la répartition des aliments sur la journée. Une alimentation saine passe en effet par :

- une bonne répartition de l'apport énergétique total, garantie par une alimentation diversifiée ;
- une bonne distribution des aliments entre les différents repas de la journée, à savoir le petit déjeuner, le déjeuner, le goûter, le dîner et d'éventuelles collations.

 Qu'est-ce que l'apport énergétique total ?

Ce sont les apports alimentaires permettant de couvrir les besoins nutritionnels de l'organisme. Les besoins nutritionnels correspondant aux quantités d'énergie fournies par les aliments, nécessaires pour assurer l'entretien et le fonctionnement d'un organisme en bonne santé. Ces besoins dépendent de plusieurs facteurs : l'âge, la taille, le sexe, l'activité physique, la température extérieure. En réalité, nous ne sommes pas tous égaux devant l'alimentation et nous avons souvent des besoins différents. Attention, il ne faut pas confondre les besoins nutritionnels avec la valeur nutritionnelle des aliments qui correspond à la composition en nutriments des aliments (protéines, lipides, glucides...)

Il existe cependant certains principes valables pour tout le monde :
- Aucun aliment ne concentre la totalité des éléments nutritionnels dont le corps a besoin. Il faut donc jouer la carte de la diversité pour couvrir tous les besoins nutritionnels de l'organisme.

- Rappelons que certains nutriments sont plus utiles que d'autres pour l'organisme. L'idéal serait de répartir l'apport énergétique total comme suit : 12 % de protéines, 30 à 33 % de lipides et 50 à 55 % de glucides.
- Une correcte répartition de l'apport énergétique sur la journée devrait se faire de la façon suivante : 15 à 25 % au petit déjeuner, 40 à 45 % au déjeuner, (10 à 15 % au goûter), 35 à 40% au dîner.

Un célèbre proverbe allemand dit : « Un petit déjeuner d'empereur, un déjeuner de roi et un dîner de prince. » Voilà bien résumé ce que doit être la répartition des aliments dans la journée ! Précisons qu'il ne s'agit pas ici de qualité des aliments (plus ou moins riches) au menu, mais des quantités consommées : il vaut mieux manger davantage le matin, avant une journée de travail, que le soir, avant une nuit de repos... En ce qui concerne le laps de temps entre deux repas, tout dépend de leur composition, mais de manière générale un minimum de trois heures est conseillé.

Au petit déjeuner, réveillez votre appétit !

Après un long jeûne nocturne (de 8 à 12 heures), vos papilles sont endormies, votre organisme doit reprendre des forces, il a besoin d'une bonne dose d'énergie pour affronter la nouvelle journée qui commence. Il n'y a rien de tel qu'un bon petit déjeuner pour bien commencer la journée. Donnez-lui la place qu'il mérite.

■ Un vrai repas

Le petit déjeuner est un vrai repas. Les diététiciens et nutritionnistes s'accordent pour dire qu'il doit assurer à lui seul un quart de vos besoins énergétiques journaliers.

Quels sont ses bienfaits ? Il permet de passer une matinée tonique et sans fatigue, d'être opérationnel au travail. Il limite le fameux « creux de 11 heures ». Enfin, il assure une meilleure répartition journalière de l'énergie. En effet, si vous sautez le petit déjeuner, il vous faudra répartir ces calories sur les autres repas de la journée. De plus, vous serez davantage tenté de grignoter et votre équilibre alimentaire sera perturbé.

Idéalement, que doit comporter votre petit déjeuner ?
- du lait (chaud ou froid, aromatisé ou non) ou un produit laitier (source de calcium et de protéines animales) ;
- du pain ou un autre produit céréalier (source de glucides complexes donc d'énergie) ;
- un fruit frais ou un jus de fruits frais (source de vitamine C et de fibres pour un meilleur transit intestinal) ;
- une boisson chaude ou froide pour réhydrater votre corps ;
- +/- du beurre frais pour l'apport de vitamine A et d'énergie ;
- +/- du sucre ou un produit sucré (sucre ajouté dans votre boisson ou miel, confiture pour agrémenter vos éventuelles tartines) pour le plaisir.

L'apport en fibres sera assuré si le pain ou les céréales sont complets.

 Anticipez sur votre journée !
Si vous savez que votre déjeuner sera léger alors insister davantage sur le petit déjeuner en y ajoutant une source supplémentaire de protéines comme des œufs ou du jambon blanc...

Un menu à votre goût

Le sempiternel pain blanc peut être remplacé de temps à autre par du pain de seigle, du pain complet, du pain aux 7 céréales... Il ne faut cependant pas faire de ces pains riches en fibres une habitude. Tout simplement parce que les fibres consommées en grande quantité entravent la bonne assimilation du calcium et d'autres minéraux. L'idéal est d'alterner pain blanc et pains riches en fibres.

Sachez que les biscottes, le pain de mie, les pains au lait sont plus énergétiques que le pain (à quantités égales). Mais ils peuvent très bien s'inscrire dans le cadre de la variété. N'hésitez pas à varier les plaisirs.

Quant aux viennoiseries (croissants, pains au chocolat, chaussons aux pommes...), leur richesse en lipides fait que leur consommation doit rester occasionnelle. Réservez-les donc au dimanche !

Zoom sur les viennoiseries

Un croissant, un pain aux raisins ou un chausson aux pommes apporte environ 10 g de lipides soit l'équivalent d'une cuillère à soupe d'huile.
Un pain au chocolat apporte 15 g de lipides (une cuillère à soupe et demie).
Un pain au lait apporte 3,5 g de lipides soit presque une cuillère à café.

Les madeleines, gâteau marbré, quatre-quarts, cookies, brownies... sont des concentrés d'énergie en raison de leur apport en lipides et en glucides. Réservez-les plutôt si vous dépensez votre énergie sans compter ou, ponctuellement, pour le plaisir.

Les boudoirs, les langues de chat, les cigarettes, gaufrettes confiture, pain d'épices... sont à ranger avec les « petits beurres » parmi les biscuits les moins énergétiques. Ils peuvent convenir au premier repas de la journée, bien qu'ils soient plus souvent servis en accompagnement des glaces qu'au petit déjeuner.

Quant aux barres de céréales, elles sont adaptées pour un petit déjeuner pris sur le pouce (en voyage, par exemple). Bien qu'elles regorgent, tout comme les barres chocolatées, d'acides gras saturés et de sucre, elles sont tout de même de meilleure qualité nutritionnelle, car plus riches en glucides complexes.

Si vous n'aimez pas le lait ou le café au lait, peut-être le thé au lait aura-t-il davantage votre faveur ? Pensez aussi aux laitages et autres produits laitiers du type flan ou entremets. Les combinaisons peuvent se varier à l'infini... Le fromage représente également une alternative facile et savoureuse. Vous pouvez aussi, si vous avez le temps, déguiser le lait en préparant des crêpes, pancakes et gaufres. Pour peu que vous n'abusiez pas de matière grasse dans le mode de cuisson (privilégiez les poêles et gaufriers à revêtement anti-adhésifs), ces préparations s'inscrivent tout à fait dans le cadre d'une alimentation équilibrée.

Quelques conseils...

Quelques idées pour réveiller vos petits déjeuners !

- Café + pain grillé + beurre frais + fromage blanc nature sucré + jus de fruits rouges
- Bol de lait + pain + miel + quelques pruneaux
- Thé au lait + biscottes + marmelade abricot + une compote de poires
- Muesli + yaourt nature + un grand verre d'eau + zeste de citron + fruits frais en dés
- Chocolat au lait + pain complet + beurre frais + 1/2 pamplemousse sucré
- Gâteau de riz au lait + orange pressée
- Thé au citron + pain + petite tranche d'édam + compote de pommes et framboises
- Crêpes + confiture de fraises + bol de lait + cocktail vitaminé
- Muffin + yaourt nature + jus de raisin

Les anglophiles, inconditionnels des œufs au bacon au petit déjeuner, ou les germanophiles, qui aiment commencer la journée avec des charcuteries, n'ont pas tort, dans la mesure où ces aliments sont intéressants sur le plan nutritionnel (essentiellement pour leur apport en protéines animales). Néanmoins les protéines animales sont généralement suffisamment présentes sur les autres repas de la journée, ce qui les rend facultatives au petit déjeuner. Si le déjeuner qui suit est frugal, un petit déjeuner copieux en sources de protéines animales est certes un bon calcul ! Sachez cependant que sur le plan calcique, il est nécessaire de consommer des aliments riches en calcium aux repas suivants (voir les aliments riches en calcium en page 33).

■ Pas d'excuse !

Le petit déjeuner est le repas le plus fréquemment oublié. Un peu d'organisation et d'imagination devraient vous aider à ne plus « zapper » cette étape décisive dans le bon déroulement de votre journée !

« Vous n'avez pas le temps ? »

▶ Pourquoi ne pas essayer de vous coucher plus tôt ? Votre réveil n'en sera que plus matinal et vous aurez ainsi le temps de vous préparer un bon petit déjeuner. Il suffit de vous lever 5 à 10 minutes plus tôt ; c'est exactement le temps qu'il vous faut pour vous préparer un vrai petit déjeuner !

▶ Pensez à préparer votre table la veille (mettez par exemple toute la famille à contribution), en laissant bien entendu les produits frais dans le réfrigérateur jusqu'au moment de leur consommation. Vous n'aurez plus qu'à préparer votre boisson chaude au dernier moment.

▶ Pensez aux pommes, mais aussi aux bananes et clémentines qui présentent l'avantage de pouvoir être glissés facilement dans votre sac, pour être consommés en route.

Quelques conseils...

Quelques idées de petits déjeuners simples et rapides à préparer

- Un café ou un thé chaud + un yaourt à boire + deux tranches de pain d'épices + une pomme
- Deux tranches de pain complet + une portion de fromage emballé + une banane + un grand verre d'eau
- Yaourt à boire en tube ou en bouteille, compote de pomme allégée en sucre. Même s'ils ne forment pas un repas complet, c'est mieux que de ne rien avoir dans le ventre !

« Vous n'avez pas faim ? »

Peut-être avez-vous trop mangé la veille au soir... ou peut-être un horaire matinal est-il rédhibitoire pour vous ? Pour vous ouvrir l'appétit et/ou vous réveillez, prenez au saut du lit un grand verre d'eau ou un grand verre de jus de fruit pur jus, puis faites quelques étirements... prenez votre douche et préparez-vous. Ce n'est qu'ensuite que vous prendrez le reste de votre petit déjeuner. Ne dit-on pas que l'appétit vient en mangeant ? Vous pouvez aussi essayer l'odeur du pain grillé !

Si vous ne pouvez vraiment rien avaler à une heure matinale ou si vous être un habitué du café avalé rapidement debout dans votre cuisine, peut-être pourrez-vous prendre une collation dans la matinée ? Dans ce cas, consommez plutôt un fruit ou un yaourt. C'est une meilleure solution que de ne rien manger du tout.

Allez y progressivement !

Si cela fait des années que vous ne prenez pas de petit déjeuner ou que vous vous contentez d'un café noir le matin, ne vous forcez pas à modifier coûte que coûte vos habitudes du jour au lendemain : commencez par prendre un aliment que vous n'avez pas ou plus l'habitude de consommer, et ce pendant quelques jours... ajoutez-y ensuite un deuxième aliment et ainsi de suite... Faites des paliers de « réintroduction ». Le but essentiel est de diversifier au maximum votre alimentation dans sa globalité.

« Vous prenez votre petit déjeuner au travail ? »

C'est une mode de plus en plus répandue, calquée sur le mode américain. Le principe est de se retrouver autour d'un café, d'un thé ou d'un chocolat, accompagné ou non de viennoiseries, pour discuter affaires. Il est vrai que ce type de petit déjeuner prend certainement moins de temps qu'un déjeuner d'affaires – sans compter l'aspect financier. Mais sur le plan nutritionnel, c'est mal pensé. Il est souhaitable de limiter cette pratique, étant donné son aspect frugal ou mal composé.

Un mot sur le brunch

Quand vous vous levez trop tard pour prendre un petit déjeuner, mais qu'il est trop tôt pour déjeuner... pensez au brunch ! Le brunch est en effet un concept hybride entre les deux, servi généralement entre 11 h et 14 h. Il offre une palette variée d'aliments typiques du petit déjeuner comme du déjeuner : boissons chaudes et jus de fruits frais, céréales ou produits céréaliers (variez les pains et si vous avez le temps, confectionnez des préparations type crêpes, gaufres, pancakes...), lait ou produits laitiers (fromages tranchés, entremets), fruits voire légumes, viandes cuites tranchées, poisson froid ou œuf à la coque (sources de protéines)... C'est souvent l'occasion de consommer des aliments que vous ne consommez pas pendant la semaine, par manque de temps ou d'envie.

Occasionnel, le brunch représente une touche sympathique et conviviale dans le week-end. Cependant, il ne doit pas être systématique car il est souvent trop riche pour un petit déjeuner et peut être insuffisant sur le plan nutritionnel pour un déjeuner. Il déstructure alors votre ration alimentaire et perturbe quelque peu les repères traditionnels des repas (surtout chez les enfants).

Que prévoir pour le dîner, après un brunch ? Le dîner tournera alors autour d'une salade bien composée pour compléter les apports en vitamines et fibres de la journée, d'un produit laitier, d'un fruit, de féculents et du pain. La consommation de viande ou poisson ou œuf sera facultative si ces derniers ont été consommés en quantités lors du brunch.

Au déjeuner, rechargez vos batteries !

Le déjeuner est important pour recharger les batteries, après une matinée de travail ou d'activités diverses et variées. Il permet de bien appréhender l'après-midi, pour être plus dynamique et plus efficace. C'est pourquoi il ne faut pas sauter ce repas essentiel. S'il est bien composé, il vous évitera les petites fringales de l'après-midi.

Si vous êtes amené à sauter le déjeuner, il est alors essentiel de prendre une collation bien pensée dans l'après-midi. En règle générale, pour votre bien-être, le fait de « sauter » un repas doit rester occasionnel.

Un déjeuner bien pensé comporte :

- ▶ une entrée de légumes crus ou cuits ;
- ▶ de la viande ou du poisson ou des œufs ou des abats ;
- ▶ un plat de légumes cuits ou un plat de féculents (pommes de terre ou pâtes ou riz ou légumes secs) ;
- ▶ une portion de fromage ou un laitage ;
- ▶ un fruit frais cru ou cuit ;
- ▶ un peu de matière grasse pour l'assaisonnement et la cuisson ;
- ▶ du pain ;
- ▶ de l'eau à volonté.

Si l'entrée est composée de crudités, le dessert sera à base de fruits cuits, et inversement. Si les légumes cuits sont consommés sur le déjeuner, les féculents le seront au dîner, et vice-versa !

Quelques conseils...
Exemples de déjeuners idéalement composés

- Salade de tomates au basilic et à la mozzarella
- Filet de cabillaud à la moutarde
- Riz créole
- Yaourt nature + sucre
- Compote de pêches

- Taboulé à la menthe fraîche
- Courgettes farcies
- Laitue à la vinaigrette
- Coulommiers
- Sorbet à la mangue

- Betteraves mimosa
- Poulet rôti
- Torsettes au parmesan
- Yaourt nature + sucre
- Abricots

- Concombres à la bulgare
- Escalope de veau aux champignons
- Haricots verts à l'étouffée
- Gâteau de riz aux raisins secs

- Crevettes roses sur lit de mâche
- Omelette fromagère aux pommes de terre
- Fromage blanc nature + sucre
- Salade de fraises à la fleur d'oranger

Sans oublier le pain ni l'eau !

Au goûter, détente et gourmandise

Le goûter est avant tout un moment de détente, permettant de récupérer tant mentalement que physiquement. Il permet de patienter jusqu'au dîner. C'est aussi un rendez-vous gourmand. C'est surtout une vraie nécessité qui vient combler les éventuels déficits alimentaires du déjeuner. Il est généralement l'apanage des enfants et adolescents, mais aussi des mamans auxquelles il permet de partager un instant privilégié. Alors n'hésitez pas, attablez-vous avec eux... En revanche, il faut éviter qu'il ne s'éternise !

 Une étape indispensable

Ne « zappez » pas le goûter, c'est un moment de détente essentiel. Même un enfant présentant une surcharge pondérale a le droit à son goûter. Le goûter rentre alors dans le cadre d'une alimentation contrôlée. Il est simplement préférable de consulter un(e) diététicien(ne).

Un goûter diversifié devrait comporter (toujours dans l'idéal) :
- du lait ou un produit laitier ;
- une source de glucides complexes (type pain, biscottes, biscuit...) ;
- un fruit frais ou cuit ;
- une boisson.

Il ne devrait pas représenter plus de 10 à 15 % des apports énergétiques de la journée.

Quelques conseils...

Idées simples de goûters

- Pain + morceau d'emmental + une orange
- Pain + miel + une pomme + un fromage blanc
- Petit pain au lait + confiture de myrtilles + un abricot + un yaourt
- Pain d'épices + jus d'orange pressé + petits suisses
- Un verre de lait demi-écrémé + petits beurres + compote de pomme

Et si vous avez le temps de confectionner des gâteaux maison :
- Yaourt nature sucré + biscuit roulé à la confiture de fraises
- Gâteau au yaourt + jus d'orange pressée
- Tarte aux pommes + un fromage blanc nature sucré

N'oubliez pas de faire boire vos enfants. En revanche, réservez les boissons sucrées aux occasions exceptionnelles, telles qu'un anniversaire ou une fête de famille. En hiver, une boisson chaude « requinquera » l'enfant, fatigué par sa journée d'école, avant qu'il ne se mette à ses devoirs.

Quelques conseils...
Chocolat chaud à la cannelle

Pour une personne : 150 ml de lait demi-écrémé, une cuillère à café de cacao en poudre non sucré, une bûchette de sucre en poudre (5 g) et une pincée de cannelle.

Mélangez le cacao avec le sucre. Ajoutez le lait froid. Portez à légère ébullition le tout. Versez dans une tasse et saupoudrez de cannelle.

Notez que l'utilisation du cacao en poudre non sucré permet de contrôler l'ajout en sucre. Si vous utilisez une poudre chocolatée, sa teneur en sucre alourdira la note glucidique.

Le dîner, appétissant mais léger

Le dîner est une tâche ardue pour ceux qui ont en charge son organisation et sa composition. Il faut qu'il soit tout à la fois appétissant, copieux pour compenser un déjeuner frugal (mais pas trop pour ne pas gêner le sommeil) ou léger pour ceux ayant pris un déjeuner bien arrosé ou une collation dans l'après-midi… Dans tous les cas, il est judicieux de pensez aux fibres, vitamines et minéraux car ils sont généralement les grands absents du déjeuner.

Quelques conseils...

Exemple de dîner compensant un déjeuner « déséquilibré »
- Potage de légumes + 1 noisette de beurre frais
- Salade composée (à base d'œufs durs, dés de jambon blanc, maïs, légumes cuits et crus)
- Yaourt nature + sucre
- Kiwi

Sans oublier le pain et l'eau !

En fait, la composition du dîner est la même que celle du déjeuner. Il faut simplement veiller à alterner légumes crus et cuits en entrée et/ou dessert, les féculents et les légumes en plat. Il est conseillé de réduire la consommation de viande ou poisson si celle-ci a été conséquente au déjeuner.

Les collations, coup de pouce énergétique

Les collations sont généralement réservées aux enfants et aux adolescents, aux femmes enceintes, aux personnes âgées et aux sportifs. Mais ce peut être un bon réflexe, si vous mangez trop peu à midi (afin de mieux répartir les calories et éviter la somnolence) ou si vous faites partie des personnes ayant peu d'appétit. Dans tous les cas, les collations doivent être prises au moins deux heures avant le repas suivant pour ne pas couper l'appétit tout en apportant l'énergie nécessaire pour finir l'après-midi ou la fin de matinée. Mieux vaut éviter de se jeter sur des collations très sucrées. Privilégiez plutôt les aliments riches en protéines, fibres, vitamines et minéraux !

Une collation bien composée comporte :
- du lait ou un produit laitier
- un produit céréalier
- un fruit éventuellement
- de l'eau

L'eau peut être remplacée par une boisson chaude ou froide (peu sucrée de préférence).

Quelques conseils...

Idées de collation

- Yaourt nature + céréales type pétales de maïs
- Quelques fraises dans un fromage blanc
- Une branche de céleri garnie de crème de gruyère + morceau de pain
- Pain + fromage des Pyrénées

En ce qui concerne la collation distribuée aux enfants à l'école, elle peut être bienvenue, mais cela dépend des cas. Si votre enfant prend un vrai petit déjeuner bien composé, il serait souhaitable qu'il refuse la collation proposée : elle est alors inutile et représente un apport énergétique supplémentaire. En revanche, elle est conseillée dans le cas où votre enfant arrive à l'école le ventre vide. Encore faut-il qu'elle ne se limite pas à une barre chocolatée, mais qu'elle comporte un laitage, un fruit et un produit céréalier, et qu'elle soit proposée très tôt dans la matinée... Sinon le déjeuner de votre enfant risque fort d'être escamoté.

Retenons l'essentiel !

Pour être au top de votre forme, privilégiez une alimentation équilibrée :
- lait ou produit laitier à chaque repas ;
- viande, poisson, œufs au moins une fois par jour (en réduisant les quantités si deux fois par jour) ;
- crudités (légumes ou fruits) à chaque repas ;
- un plat de légumes cuits une fois par jour ;
- plat de féculents (pommes de terre ou pâtes ou riz ou légumes secs) une fois par jour ;
- du pain à chaque repas ;
- de l'eau à volonté.

Les abats seront consommés une fois tous les quinze jours.

Les poissons gras auront votre préférence deux à trois fois par semaine.

Bien évidemment, ces principes doivent être adaptés en fonction de vos besoins et de votre mode de vie. L'équilibre alimentaire ne se fait pas sur un seul repas, ni même sur une journée mais sur plusieurs jours donc ne soyez pas trop exigeant avec vous-même et pensez aussi à vous faire plaisir : si un repas est insuffisant ou excessif, le repas suivant ou celui du lendemain permettra de rétablir l'équilibre alimentaire. Enfin, retenez qu'une alimentation équilibrée s'inscrit dans une bonne hygiène de vie globale.

Chapitre 4

Une alimentation adaptée à l'âge et au mode de vie

Après avoir vu les grands principes d'une alimentation équilibrée, il convient de revenir sur les besoins spécifiques à certaines périodes de la vie et dans certaines situations. Vous trouverez dans ce chapitre des conseils qui précisent ce que vous avez déjà lu et des astuces pour répondre au mieux à vos besoins nutritionnels, favoriser une bonne croissance ou une grossesse sereine, pour vivre au mieux la « vieillesse » ou réussir à coup sûr un régime.

L'enfance

Beaucoup de choses se jouent pendant l'enfance : d'une part, l'enfant ne cesse de grandir. L'alimentation a un rôle décisif dans son développement harmonieux. D'autre part, c'est le moment de lui apprendre quelques règles simples et de lui inculquer de bonnes habitudes alimentaires, tout en lui faisant découvrir le goût des bonnes choses !

Nous n'entrerons pas ici dans les détails de l'alimentation des enfants et n'aborderons pas le thème de la petite enfance qui requiert bien évidemment une alimentation spécifique.

■ Un organisme en pleine croissance

L'enfant est un organisme en pleine croissance. Il faut donc veiller à lui apporter une alimentation variée, tout en insistant sur l'apport de calcium, nutriment essentiel pour bien grandir.

Du calcium et des protéines
En tant que parents, vous devez veiller à ce que vos enfants consomment au moins d'un demi-litre de lait par jour ou l'équivalent, d'une part de fromage, d'une portion de viande, de poisson, d'œufs ou d'abats (à moduler bien évidemment en fonction de l'âge de vos enfants).

Il existe aussi des aliments qui sont tout simplement nocifs pour l'enfant. Ainsi, le thé et le café sont des boissons excitantes qui peuvent avoir des répercussions sur le sommeil ou le comportement de l'enfant. Si l'enfant n'aime pas le lait nature, il est cependant possible d'ajouter un nuage de café ou de thé (et non l'inverse !) pour aromatiser. Naturellement, l'alcool doit être prohibé !

L'apprentissage de bonnes habitudes

Il n'est jamais trop tôt pour enseigner à vos enfants de bons réflexes alimentaires. Insistez sur l'importance du petit déjeuner, qui favorise une bonne concentration à l'école et une activité suffisante dans la cour de récréation... Comme nous l'avons vu, le premier repas a un rôle déterminant dans l'équilibre de la journée. Le déjeuner et le goûter ne sont pas à escamoter non plus. Loin de là ! Ces repas, s'ils sont correctement pris, évitent que votre chérubin ne grignote des sucreries dans la journée ni ne dévore la moitié de la baguette avant le dîner ! Quant au repas du soir, ce sera un repas de « sécurité », surtout si votre enfant n'est pas très précis sur le menu de son déjeuner. Vous ne ferez sûrement pas d'erreur en proposant des légumes verts qui, bien qu'inscrits aux menus des restaurants scolaires, sont souvent délaissés par les enfants. N'hésitez pas à consulter le personnel de l'école : si celui-ci vous informe que votre enfant est un « petit mangeur » mieux vaut composer un dîner plus élaboré avec une entrée de légumes crus ou un fruit cru en dessert et un plat de légumes associés à des féculents.

N'oubliez pas que pour la réussite de cette « éducation alimentaire », la présentation et l'atmosphère du repas sont primordiales : prenez soin de la manière dont la table est dressée. N'hésitez pas à faire participer vos enfants à la préparation de la table et du repas. Enfin, faites en sorte, dans la mesure du possible, que le dîner se déroule dans une atmosphère conviviale et détendue...

Quelques conseils...

Exemples de dîners pour les enfants

- Filet de flétan froid et macédoine de légumes chaude (+ beurre frais)
- Chèvre frais
- Clémentines
- Pain + eau

- Radis + beurre frais
- Tranche de jambon blanc
- Ratatouille niçoise
- Riz au lait
- Pain + eau

- Tomate croque au sel
- Œuf à la coque + petites tranches de pain frais
- Purée de pommes de terre (lait + gruyère râpé)
- Petits suisses + miel
- Compote de pommes
- Pain + eau

Si votre enfant ne veut pas manger, ne le prenez pas de front, car cela finit généralement en scènes d'affrontement épuisantes pour tout le monde. Essayez les méthodes suivantes pour l'amener à se nourrir de son plein gré.

▶ Stimulez l'appétit de votre enfant en lui présentant des petites préparations colorées et appétissantes. Tenez compte de son appétit dans les quantités que vous lui servirez. Mieux vaut lui donner plusieurs petites portions que d'avoir à se battre pour qu'il termine son assiette.

▶ Pourquoi ne vous aiderait-il pas à la confection du repas ? C'est très valorisant de doser une pincée de sel ou de manier le couteau pour préparer les crudités. (Tout dépend de son âge, naturellement !). La préparation des plats est un moment privilégié pour apprivoiser les aliments... et éventuellement revenir sur la journée passée.

- ▶ Incitez-le à goûter des choses nouvelles mais ne le forcez pas. Vous risquez l'affrontement. Laissez-le aller à son rythme... et il est fort possible qu'il en redemande ! S'il refuse, persévérez en lui présentant le même aliment quelques jours plus tard sous une autre forme.
- ▶ Prenez le temps de faire découvrir à votre enfant l'importance de prêter attention à ce qu'il mange. Se nourrir est un acte vital, la saveur une source de plaisir et la relation à la nourriture joue un rôle important au cours de la vie.
- ▶ Dites vous bien que l'appétit d'un enfant, tout comme le vôtre d'ailleurs, varie d'un jour à l'autre et même d'un repas à l'autre. Si vous enfant grandit normalement, il n'y a aucun lieu de s'inquiéter des petites quantités ingérées, tant qu'il consomme des aliments variés.

Bonbons, biscuits et chocolats

N'interdisez pas les confiseries, car c'est le meilleur moyen de pousser vos enfants à les consommer en cachette. Tous les moyens seront bons... et le sentiment de culpabilité très présent. Laissez-les en manger de temps en temps, en insistant sur le fait que ces aliments n'apportent rien d'essentiel, si ce n'est le plaisir associé au goût sucré. Réservez-les à des occasions exceptionnelles et festives !

Sachez qu'aujourd'hui, les enfants allergiques ou intolérants alimentaires sont accueillis au sein des restaurants scolaires. Deux possibilités s'offrent à vous : soit votre enfant consomme le repas scolaire. Pour cela, un Projet d'Accueil Individualisé (PAI) sera établi selon une demande concertée entre les différents partenaires (vous, le médecin, le responsable du restaurant scolaire) afin qu'un repas adapté lui soit proposé ; soit votre enfant apporte un panier repas confectionné par vos soins. Il est important de transporter celui-ci dans un sac isotherme avec un thermomètre à l'intérieur afin de pouvoir vérifier qu'il n'y ait pas de rupture de la chaîne du froid et de le stocker dans un endroit réservé à cet effet. Si ces conditions ne sont pas respectées, votre enfant risque d'avoir, en plus de ses problèmes, une intoxication alimentaire !

Allergie ou intolérance ?
Une allergie alimentaire correspond à une réaction exagérée du système immunitaire à l'encontre d'une ou plusieurs substances présentes dans votre alimentation. C'est une manifestation d'hypersensibilité. Parmi les allergies alimentaires les plus fréquentes, on retrouve celles aux œufs, à l'arachide, aux protéines de lait de vache, au soja...

Le diagnostic d'une allergie est facilité par la survenue de symptômes dans les minutes qui suivent l'ingestion alimentaire comme l'asthme, urticaire, œdème de Quincke... En revanche, chez d'autres personnes, les symptômes sont beaucoup moins nets comme, par exemple, des douleurs abdominales. Ils sont dus à certains aliments et disparaissent dès qu'un régime d'éviction a été mis en place. On parle alors d'intolérance alimentaire (généralement, c'est le résultat d'un déficit enzymatique et non immunitaire). La plus connue étant l'intolérance au lactose.

Dans tous les cas, ces phénomènes ne doivent pas être confondus avec les « fausses allergies alimentaires » qui sont des réactions d'intolérance à des aliments histamino-libérateurs, tels que le chocolat, le poisson, la fraise, les crustacés... (cette liste n'est pas exhaustive).

L'adolescence

Le passage de l'enfance à l'adolescence est souvent un moment assez critique sur le plan de l'alimentation. Celle-ci étant largement associée au cadre familial et revenant plusieurs fois par jour, est souvent un sujet tout trouvé pour l'affrontement. Il est cependant nécessaire de trouver un compromis entre le désir d'émancipation de l'adolescent et ses besoins nutritionnels toujours importants, eu égard aux transformations physiques et psychologiques de l'organisme à cet âge-là.

L'adolescence est la période par excellence où il faut encourager la consommation d'aliments riches en calcium pour la constitution du capital osseux. En effet, c'est pendant la croissance que l'organisme constitue des réserves nécessaires à une bonne minéralisation du squelette afin d'éviter plus tard l'ostéoporose (responsable de la fragilité voire de la perte osseuse). Les apports en protéines et en fer sont également très importants.

■ Esquisse d'un comportement adolescent type

Commençons par esquisser, sans tomber pour autant dans la caricature, un portrait-type du comportement alimentaire d'un adolescent !

Souvent fatigué, l'adolescent a pour réputation de se lever tard le week-end ou en retard les jours d'école, quitte à se passer de petit déjeuner. Il est important de lui rappeler avec tact et persévérance combien ce repas est déterminant pour sa santé… et son humeur ! En semaine, il prend son déjeuner soit à la maison, soit au sein de son établissement scolaire. Le plus souvent, l'adolescent a tendance à fuir le restaurant scolaire ou le self-service au profit de l'extérieur (café, boulangeries…) quand il a la possibilité de sortir de l'enceinte scolaire. De retour du collège ou du lycée, il se retrouve souvent seul et a tendance à grignoter. Son alimentation est généralement riche en produits raffinés et en lipides. Les fibres tombent dans les oubliettes. Certains plébiscitent la restauration rapide, type fast-food, car c'est pratique, rapide, « pas cher »… Surtout elle symbolise l'absence de contrainte (autrement dit la « fuite » du modèle parental) et la convivialité entre copains. Il ne faut pas catégoriser non plus : certains n'en oublient pas pour autant le repas en famille… Dans tous les cas, il y va de leur intérêt de maintenir un certain nombre de repas familiaux, traditionnels et structurés, dans la semaine.

Cette esquisse devrait vous permettre de mieux comprendre le fonctionnement de votre adolescent, afin de pouvoir discuter avec lui de l'importance des différents repas de la journée. Si nécessaire, essayez de trouver avec lui des compromis, quitte à assouplir (légèrement) le rythme familial.

■ Comment favoriser une alimentation équilibrée ?

Comme les enfants, les adolescents ont besoin qu'on les incite à se nourrir de façon suggestive, et non de façon autoritaire ou répressive car cette façon de faire conduit indubitablement à l'échec.

Voici quelques principes simples :

- Envisagez avec lui un petit déjeuner ou à défaut mettez-vous au moins d'accord sur une boisson riche en vitamine C et une source de glucides complexes.

- Encouragez la consommation de deux laitages par jour au minimum, d'au moins un fruit et une portion de légumes.
- Rappelez que la seule boisson indispensable est l'eau (pensez aux petites bouteilles d'eau facilement transportables dans un sac à dos).
- Soulignez l'intérêt de faire trois repas par jour, auxquels peut s'ajouter une collation, pour une meilleure répartition de l'énergie.
- Si c'est un adepte des collations, proposez-lui des barres céréalières correctement « équilibrées ». Vous pouvez aussi glisser dans son sac à dos une banane ou une pomme (« fruit collation » par excellence) ou encore un sachet de fruits secs, très efficaces pour faire le plein d'énergie.
- S'il se lève trop tard pour prendre un vrai petit déjeuner, pensez au yaourt à boire (facile d'utilisation) ou à la briquette de lait, qui sont toujours mieux que de partir le ventre vide.
- S'il est souvent seul à la maison et n'a pas envie de cuisiner, anticipez ! Quand vous préparez un plat unique, pensez à cuisiner en plus grande quantité afin de pouvoir congeler des portions individuelles. Il n'aura plus qu'à les réchauffer !

 À propos des régimes restrictifs des adolescentes
Le culte de la minceur souvent véhiculé par les médias engendre la mise en place chez certaines adolescentes de régimes restrictifs et répétitifs. Sachez que ces derniers sont souvent source de carences et/ou de troubles du comportement alimentaire (hyperphagie...) donc soyez attentifs. Rappelez au besoin que ces régimes conduisent souvent à l'effet inverse du résultat recherché c'est-à-dire la prise de poids.

Bien que ce soit loin d'être évident, efforcez-vous de dédramatiser ces questions. Les choses se passeront mieux, si vous êtes détendus et conciliants. Plutôt que de tomber dans le chantage affectif, mettez l'adolescent en face des besoins effectifs de son organisme et des enjeux que cela représente pour son dynamisme présent et son développement futur.

La grossesse et l'allaitement

La grossesse est une période de transformation intensive du corps. Comme l'allaitement, elle entraîne une augmentation globale des besoins, notamment en calcium, fer et folates (voir la définition en page 28). Il est donc souhaitable de consommer un produit laitier à chaque repas, y compris lors de la collation. Il est recommandé de prendre un demi-litre de lait, deux laitages et une à deux parts de fromage par jour. Vous couvrirez ainsi vos besoins nutritionnels en calcium.

Sachez que l'alimentation de la femme enceinte ne lui fournit pas toujours le fer et les folates dont elle a besoin. L'insistance sur les folates permettra donc d'éviter un retard de croissance chez votre fœtus ou de malformations graves chez votre enfant. Parfois, un complément médicamenteux est nécessaire : seul votre médecin est à même de vous le conseiller ou de vous le prescrire. Les collations seront peu copieuses pour éviter les nausées, les aigreurs… et tous ces petits maux bien connus de certaines femmes enceintes. Un laitage et un fruit suffiront souvent à combler une petite faim.

Voici quelques conseils pratiques pour vous permettre de vivre au mieux cette période :

- ▶ Préférez le lait demi-écrémé et les produits laitiers à base de lait demi-écrémé plutôt que les produits à base de lait entier.
- ▶ Limitez la consommation de corps gras, surtout cuits.
- ▶ Ne négligez pas de consommer des légumes cuits, efficaces contre la constipation.
- ▶ Fractionnez votre alimentation en plusieurs petits repas pour un meilleur confort digestif et surtout variez et diversifiez votre alimentation.

L'âge de la retraite

Les effets du vieillissement sont différents selon les individus. En général, on note que les besoins énergétiques diminuent avec l'âge. Le repas reste néanmoins un moment capital qui rythme la journée. Les petites habitudes alimentaires comme la soupe du soir ou le chocolat après le dîner sont également des rituels importants.

Sur quoi devez-vous insister sur le plan nutritionnel ?
- L'apport en calcium associé à la vitamine D est primordial. Ce n'est pas réservé qu'aux enfants ! En effet, la prévention de l'ostéoporose (qui provoque une diminution de la résistance de l'os) passe par un apport suffisant en calcium. Il faut donc anticiper la déminéralisation de l'os. Si vous n'êtes pas un amateur de lait pur, pensez aux entremets comme les flans, crèmes renversées... qui conviennent aussi très bien. Quant à la vitamine D, elle est indispensable au transport du calcium de l'intestin vers les os.
- L'ingestion d'eau est essentielle afin d'éviter la déshydratation. Même si vous n'avez pas soif, il faut penser à boire le plus souvent possible (n'oubliez pas que la sensation de soif diminue avec l'âge). Buvez par petites quantités à chaque fois. Et, pourquoi pas, un petit verre de vin de temps en temps, pour le plaisir !
- N'hésitez pas à prendre un petit goûter, c'est bon pour le moral !

Si votre santé ne vous impose pas de restriction alimentaire particulière, vous pouvez consommer du sel et du sucre. Le tout est de ne pas en abuser !

L'ostéoporose

L'ostéoporose est une maladie fréquente et silencieuse. Les os se déminéralisent, ils perdent en résistance et deviennent fragiles. Sachez qu'il n'est jamais trop tard pour agir, notamment en augmentant votre consommation de lait et produits laitiers. Si vous consommez chaque jour un demi-litre de lait ou 30 g d'emmental et deux yaourts, soyez rassuré, vos besoins seront couverts.

Si vous voulez éviter l'ostéoporose :
- augmentez votre ration en calcium ;
- augmentez votre ration en vitamine D ;
- optez pour une activité physique.

Ne négligez pas non plus l'activité physique, garante de votre forme et bien-être. L'exercice physique permet en effet d'entretenir vos muscles et de favoriser la vascularisation (c'est-à-dire une meilleure oxygénation des tissus de votre organisme). Si vous n'aimez pas le sport, qu'à cela ne tienne ! Monter les escaliers ou marcher à vive allure sera toujours bénéfique. Vous pouvez également opter pour le jardinage. C'est mieux que rien.

Pour les sportifs

Les personnes pratiquant une activité physique régulière d'intensité modérée doivent surveiller leurs apports protéiques mais il ne s'agit en aucun cas de les augmenter en pensant « faire du muscle ». Seuls ceux qui sont soumis à des efforts intenses, prolongés et répétés voient leurs besoins véritablement augmenter.

Autour de l'effort

Avant l'effort : La ration d'entraînement doit rester tout simplement bien composée : ni plus ni moins. Pâtes, riz, pommes de terre sont les bienvenus dans votre assiette. En effet, ils permettent d'augmenter les réserves de glycogène dans les muscles afin d'optimiser les performances physiques. Il est donc recommandé de s'approvisionner en glucides complexes (« pasta-party » !) au cours du repas précédent l'effort et ce, au moins 3 heures avant, si possible, de façon à ce qu'il n'y ait pas compétition entre l'exercice physique et la digestion ! Les préparations riches en matières grasses sont à éviter, car elles entraînent un ralentissement de la digestion. Il en va de même pour les aliments très riches en fibres, très épicés, ou encore ceux qui provoquent des flatulences (légumes secs, choux...).

Pour éviter une sensation de fatigue pendant votre activité, évitez de consommer des aliments concentrés en sucres simples juste avant. En effet, ces derniers engendreront une hypoglycémie (baisse du taux de sucre dans le sang) dite réactionnelle.

Pendant l'effort : Buvez abondamment mais toujours à petites gorgées. Si l'activité sportive dure plus d'une heure, il est bon de sucrer votre eau de boisson. Des boissons sucrées à 5 % suffisent. Buvez par prises régulières (100 ml), toutes les 20 minutes. Si l'effort est de longue durée, pensez aux aliments de type fruits secs, concentrés d'énergie, riches en minéraux et vitamines, qui sont bénéfiques pour lutter contre la fatigue.

Après l'effort : Cette phase de récupération est importante. Ne la négligez pas. L'objectif est d'éliminer les produits de dégradation produits lors de l'effort et de compenser les pertes en eau et en minéraux. Il faut donc se réhydrater. Juste après l'effort, prenez de préférence une soupe ou un jus de tomates ou quelques verres d'eau minérale bicarbonatée comme celle de Vichy ou de Badoit…

Pendant les 24 heures suivant la compétition, il est souhaitable d'adopter une alimentation pauvre en protéines. Il faudra penser ensuite à restaurer vos stocks de glucides sous forme de glucides complexes. Insister sur l'apport de vitamine B1 surtout si votre ration est riche en glucides, car la vitamine B1 facilite l'assimilation des glucides.

Les produits pour sportifs

Comprimés, tablettes et gélules inondent les gondoles des supermarchés. Mais si vous êtes un vrai sportif, vous pouvez vous en passer. Seule une alimentation équilibrée, mettant l'accent sur les glucides (les meilleurs carburants qu'ils soient pour augmenter vos performances) associés aux aliments riches en protéines (viande, volaille, poisson, œufs…), est la clé du succès. Là encore, les protéines ne doivent pas être consommées en quantités excessives, dans l'espoir que ces dernières augmentent considérablement vos muscles. C'est l'exercice physique qui développe le mieux votre masse musculaire. Quant aux vitamines consommées en excès, elles engendrent parfois des complications, alors faites attention !

Il faut toutefois nuancer sur un point : les tablettes de sel sont intéressantes si vous pratiquez une activité physique très longue et que vous perdez plusieurs litres d'eau au cours de celle-ci. En effet, ces dernières compenseront les pertes de sodium et potassium. Dans ce cas, seules les boissons isotoniques c'est-à-dire bien équilibrées en composition sont recommandées.

Quand on suit un régime hypoénergétique

De nos jours, la minceur est devenue une véritable dictature. Il peut être bon de rappeler que cela n'a pas toujours été le cas. Du reste, certaines femmes sont plus belles et plus charismatiques avec quelques kilos superflus et quelques rondeurs que d'autres aux « mensurations de rêve » !

Dans tous les cas, ne vous lancez surtout pas dans un régime draconien sans raison valable car vous réduisez à coup sûr votre « ration de vie ». Une bonne hygiène de vie et un changement progressif de vos habitudes alimentaires sont de loin préférables.

■ Quelques principes simples et efficaces

Pour perdre du poids, il faut avant tout une bonne dose de volonté et surtout dépenser plus d'énergie qu'on en absorbe. Mais il ne s'agit pas pour autant d'affaiblir sa santé. Voici donc quelques conseils faciles à suivre pour perdre en douceur vos kilos superflus tout en gardant une alimentation équilibrée :

- ▶ Sachez que les protéines sont une aide précieuse pour les personnes suivant un régime hypoénergétique (ou hypocalorique) car elles favorisent une satiété durable et permettent de lutter contre la perte musculaire. Cela ne veut pas dire pour autant qu'il faille augmenter démesurément vos apports. Pas la peine de ne manger que des œufs durs !

- ▶ Évitez de consommer plus de fruits et de légumes que de raison au détriment des autres aliments : ils ne rassaient pas suffisamment, peuvent occasionner des problèmes digestifs (si ils sont consommés en trop grandes quantités). Ils sont bons à condition de faire partie d'une consommation variée d'aliments.

- ▶ Évitez de vous adonner au grignotage en fin d'après-midi : c'est le meilleur moyen de reprendre les grammes que vous avez difficilement perdus !

- ▶ Si vous voulez éviter d'emmagasiner durant la nuit l'excédent d'énergie consommé au dîner, prévoyez ce dernier léger. En particu-

lier, adaptez vos menus à votre activité : contentez-vous d'un repas frugal, si vous envisagez une soirée télévision ou cinéma.
- ▶ Abandonnez l'idée que le pain fait grossir. Rappelons-le, le coupable n'est pas le pain, mais ce qu'on met dessus !
- ▶ Complétez éventuellement votre alimentation par une eau minéralisée comme Badoit, Arvie, Contrex… Celles-ci représentent un apport intéressant sur le plan minéral.
- ▶ Ne soyez pas obnubilé par la balance : pesez-vous une seule fois par semaine dans les mêmes conditions (même balance, même heure). C'est suffisant !

 Sauter un repas

Sauter un repas est un mauvais calcul, tout comme supprimer un groupe d'aliments. Vous risquez de perturber les repères de votre organisme, notamment la sensation de faim, et vous risquez de voir se multiplier les fringales. Cette pratique peut vous conduire au grignotage et/ou la surconsommation alimentaire axée sur des aliments hyperénergétiques au repas suivant. En un mot : vous risquez fort de manger plus et plus souvent !

Si vous avez sauté un repas, il n'est pas nécessaire de dramatiser pour autant : cela peut arriver à tout le monde. Le tout, c'est d'axer votre choix sur la qualité des aliments aux repas suivants. Misez sur les aliments riches en vitamines, minéraux et fibres. Si vous avez la possibilité de prendre une collation, c'est le moment de la prendre mais surtout choisissez avec soin vos aliments !

Ne poursuivez pas un idéal de minceur qui ne correspond pas à votre morphologie. Le vrai idéal est de vous accepter avec quelques kilos en trop peut-être, et surtout de conserver le plaisir de manger. C'est tellement important ! Mangez simplement, choisissez des aliments sains et non des produits à visée dite amaigrissante et qui ne feront maigrir qu'une chose : votre porte-monnaie ! De même, si vous devez ou souhaitez suivre un régime hypoénergétique, ne prenez pas celui de votre sœur ou de votre voisine : ce qui convient à l'une ne convient pas forcément à l'autre.

Comment éviter l'effet « yo-yo » ?

À toute perte de poids rapide s'ensuit une reprise pondérale, bien souvent plus importante que les kilos perdus, dès qu'on reprend une « alimentation normale ». C'est ce qu'on appelle l'effet « yo-yo » bien connu des adeptes des régimes. Rien de mieux qu'une perte de poids en douceur et surtout sans carence, sans fatigue. Votre physique et votre psychique s'en porteront bien mieux !

Pour tenir dans vos efforts, il est important de garder une alimentation diversifiée et des quantités raisonnables. De même, le fait de varier les plaisirs et les saveurs vous évitera de craquer. C'est aussi l'occasion de redécouvrir le goût des aliments, sans additif superflu. Voici quelques suggestions qui vous aideront à changer durablement vos habitudes, sans perdre au change !

▶ Au lieu de sucrer vos laitages, ajoutez y des morceaux de fruits frais (voir le tableau « calendrier des fruits et légumes » en page 55).

▶ Pensez aux céréales complètes qui réguleront votre appétit et apaiseront votre faim. Sachez toutefois que votre absorption de calcium en sera réduite.

▶ Pour accompagner vos crudités, remplacez la sempiternelle vinaigrette par un mélange de yaourt ou fromage blanc avec du concombre.

▶ Accompagnez vos pommes de terre papillote d'une sauce au fromage blanc + ciboulette + ail ou encore de fromage blanc additionné de moutarde.

▶ Remplacez le beurre par un beurre allégé qui est moins gras… mais n'en mangez pas deux fois plus ! Réduisez au maximum (juste pour les nécessités de la cuisson) les corps gras de cuisson. En diminuant petit à petit les ajouts intempestifs, vous diminuerez sans vous en rendre compte vos apports énergétiques.

▶ Dans le même ordre d'idées, préférez les œufs durs aux œufs sur le plat pour réduire votre consommation de graisses de cuisson.

▶ Si vous avez une petite faim, comblez-la avec quelques radis, des fraises, une orange, une fine tranche de jambon blanc, un yaourt ou du fromage blanc.

- Il existe aujourd'hui des compotes qui affichent une teneur en sucres inférieure à celle des compotes traditionnelles. Même si cette réduction n'est pas substantielle, c'est toujours mieux que les compotes sucrées classiques. Mais sachez qu'il existe également des compotes sans sucre ajouté, ce qui est encore mieux.
- Privilégiez l'eau comme boisson. Avec zéro calorie au compteur, vous serez gagnant !

Soyez vigilants concernant les produits que vous achetez. Certaines « unités de vente » ont tendance à être généreuses. Par exemple, un yaourt nature classique pèse 125 g alors que certains yaourts dits « gourmands » pèsent 150 g tout comme certains produits « light », d'où une teneur en glucides et lipides parfois plus élevée que les produits traditionnels.

■ Les produits allégés et les substituts de repas

Les produits « light » foisonnent dans nos supermarchés et se targuent d'êtres bons pour la santé. Est-ce un leurre ? On peut considérer qu'il existe en gros deux types de produits allégés.

- D'un côté, il y a les boissons dont le sucre a fait place à l'aspartam (édulcorant) et certaines matières grasses dont une partie des lipides a été remplacée par de l'amidon et de l'eau, affichant ainsi un taux de matières grasses moindre. Ces produits peuvent être intéressants : ils peuvent représenter une alternative pour tous ceux qui veulent globalement contrôler leurs apports de sucre et de lipides (toujours dans le cadre d'une alimentation équilibrée).
- De l'autre côté, on trouve tout un tas de produits dits « light » dont certaines substances ont laissé leur place à des substances parfois plus énergétiques ou dont l'allègement est vraiment peu substantiel donc illusoire. C'est par exemple le cas de certaines barres céréalières, de biscuits diététiques, de céréales, de chocolat... Regardez bien les étiquettes, elles en disent long sur la composition réelle. Vous pouvez ainsi trouver un produit « allégé » en sucres mais finalement plus riche en lipides que le produit de référence. Soyons réalistes, si tous les produits « light » étaient vraiment efficaces, n'aurions-nous pas moins de personnes en surcharge pondérale ?

Quant aux substituts de repas, ils peuvent être une alternative convenable à un repas, si vous ne disposez que de très peu de temps pour déjeuner et que vous voulez faire attention à ce que vous mangez. Mais lisez bien les étiquettes, tous ces produits ne se valent pas. En revanche, tous les produits ou médicaments à visée amaigrissante dont regorgent les magazines à l'approche de l'été sont de purs produits marketing... et vous le savez bien !

En conclusion, pour perdre un peu de poids, il suffit de manger de tout en quantités raisonnables sans oublier la notion de plaisir, de faire davantage d'exercice et, au besoin, de consulter un(e) diététicien(ne) qui prendra en charge votre alimentation de façon personnalisée.

Abécédaire d'une alimentation équilibrée

A comme Aliments Anti-oxydants, votre capital santé.

B comme Bougez-vous : même si c'est peu, c'est toujours mieux que rien ! Ou encore Bannissez les excès et retrouvez les Bienfaits d'une alimentation simple et saine !

C comme Changement : Changez progressivement vos habitudes alimentaires et Croquez la vie !

D comme Détente : Détendez-vous, Dormez, Dorlotez-vous… C'est aussi nécessaire pour retrouver votre Dynamisme.

E comme Envie : Envie d'Éveiller l'Étincelle du plaisir en bouche !

F comme Forme : pour garder la Forme, privilégiez les produits Frais et mangez des Fibres.

G comme Goût : que vous soyez Gourmand ou Gourmet, apprenez à déGuster les aliments.

H comme Hydratation : votre corps a un grand besoin d'être Hydraté alors ne le négligez pas.

I comme Imagination et Invention : Innovez dans votre cuisine !

J comme Jouer : Jonglez avec la variété dans la Joie et la bonne humeur !

K comme Kilos : ne chassez que ceux qui sont vraiment superflus ; ne leur faites pas la chasse permanente.

L comme « Light » : c'est votre Liberté que de consommer des produits « Light » mais en avez-vous vraiment besoin ?

M comme Manger Moins mais Mieux Manger : un plaisir qui doit le rester pour Mieux vivre.

N comme Nourrissez-vous de « Naturel » : Non aux goûts de synthèse, aux conservateurs, aux colorants !

O comme Offrez-vous des Odeurs et des saveurs !

P comme ne vous Privez pas du Plaisir du Partage.

Q comme Qualité : préférez-la à la Quantité…

R comme Régalez-vous et Réveillez vos papilles !

S comme Satisfaction : Savourez les Sauces légères et bien aSSaisonnées pour réveiller vos Sens...

T comme Titillez votre palais et Tous à Table !

U comme Unique : vous l'êtes alors épanouissez-vous !

V comme Vitaminez-vous la Vie !

W comme Week-end : profitez-en pour cuisiner et partagez des moments gourmands...

X comme aliments X : il existe certainement une kyrielle d'aliments que vous ne connaissez pas encore...

Y comme Yo-Yo : un effet à fuir absolument !

Z comme Zappez les privations de tous les instants et sachez rester Zen.

Deuxième partie

À chaque cas, sa solution

De l'enfance à l'âge adulte, votre mode alimentaire change. Que vous mangiez seul, en famille, au restaurant ou dans l'avion... il vous faut trouver le meilleur moyen de satisfaire vos besoins nutritionnels sans perdre de vue équilibre et plaisir. Comment est-ce possible ?
Vous trouverez dans cette partie de nombreux conseils, des idées de menus et des astuces... pour manger équilibré, quels que soient votre mode de vie, vos préférences alimentaires ou vos « mauvaises » habitudes !

Chapitre 5

À la maison

En principe, il est plus facile d'avoir une alimentation équilibrée à la maison, dans la mesure où tout est sous la main : produits frais et surgelés, conserves et épicerie, ustensiles de cuisine et modes de cuisson. Reste qu'on n'a pas toujours beaucoup de temps, ni d'énergie, ni d'idées pour varier l'ordinaire… Vous trouverez dans ce chapitre toutes sortes de suggestions qui vous aideront à vous organiser pour garder un bon équilibre alimentaire, clé d'une bonne santé !

L'art de faire les courses

Lorsque vous faites vos courses, adoptez quelques réflexes utiles.

Planifiez vos menus à l'avance. Cela vous évitera de vous poser la question « que vais-je bien pouvoir manger ce soir ? » et de vous jeter sur ce que vous trouvez dans vos placards sans souci d'équilibre alimentaire.

- ▶ Lisez les étiquettes attentivement et fuyez les produits trop sucrés ou trop riches en lipides.
- ▶ Choisissez des viandes maigres, des poissons gras de préférence.
- ▶ Préférez le lait demi-écrémé au lait entier, des laitages natures aux laitages sucrés (sucrez vous-même, vous en mettrez moins).
- ▶ Choisissez des fromages à 45 % de matières grasses.
- ▶ Prenez de la crème légère en remplacement de la crème fraîche (sachez cependant que certaines contiennent de l'amidon de pomme de terre et/ou de la gélatine).

- Optez pour les jus de fruits pur jus pur fruit (sans adjonction de sucre).
- De manière générale, ne considérez les produits light comme une alternative ponctuelle. N'en faites pas une habitude.

Quand vous préparez le dîner, cuisinez en quantité plus importante de façon à pouvoir congeler l'excédent pour d'autres repas (à condition bien sûr de posséder un congélateur) ou mettez au frais dès refroidissement (dans une boîte hermétique pour éviter les pertes de vitamines et minéraux) et consommez dès le lendemain.

 Congélation et décongélation

Sachez que le froid ne tue pas les micro-organismes présents au moment de la congélation. Ils sont simplement conservés. Gardez toujours à l'esprit qu'en l'absence de précautions lors de la décongélation, ces micro-organismes se multiplient à une vitesse vertigineuse ; c'est pourquoi il ne faut jamais décongeler un produit à température ambiante mais toujours au réfrigérateur.

Sachez également que si les aliments sont de petit volume, la décongélation préalable n'est pas indispensable ; elle s'opérera en même temps que la cuisson afin de garantir sécurité hygiénique, saveur, texture, couleur...

Vous pouvez également utiliser des produits préparés surgelés tout en faisant attention à la composition. Aujourd'hui, certains sont équilibrés aussi bien sur le plan quantitatif que qualitatif donc ne culpabilisez pas si vous en utilisez ponctuellement. Choisissez-les bien car beaucoup sont encore trop riches en sauce, sel et conservateurs. Pensez notamment à comparer les teneurs en sodium. Vous ne prenez pas de « risques » avec les produits suivants : galets de purée de légumes sans adjonction de sel ni de matières grasses, galets de potages de légumes, galets de compotes sans sucre, baguette précuite, filets ou darnes de poisson... en résumé tous les produits de base non travaillés. À vous d'y ajouter la touche finale !

Comment utiliser vos restes ?

Il y a de multiples manières de tirer parti des restes qui s'accumulent dans votre réfrigérateur. Néanmoins, mieux vaut ne pas trop attendre et les utiliser le plus tôt possible, d'un jour sur l'autre. Attention ! Il y a des plats qui ne se conservent pas, comme la mayonnaise, par exemple, qui doit être consommé le jour de sa confection. De manière générale, en ce qui concerne les restes, une règle de mise : il ne faut pas laisser passer plus de 24 heures entre les restes et la cuisson-consommation réelle du plat cuisiné les intégrant. Qu'il s'agisse de restes non refroidis immédiatement après cuisson, de restes refroidis et conservés plus de 24 heures, de restes de sauces ou de restes avec sauce, de plats contenant des produits sensibles comme la crème fraîche, des œufs... de restes de restes ou de plats cuisinés laissés à température ambiante et non consommés... Il est recommandé de ne pas consommer tous ces produits car ils remplissent les conditions idéales pour la multiplication microbienne.

Voici quelques idées pour profiter de vos restes :

- Un reste de pâtes, de riz ou de pommes de terre s'accommode très bien en salade avec des petits dés de jambon et de gruyère ou encore en gratin.
- Pour améliorer un reste de viande cuite, il suffit de le hacher et l'incorporer dans un coulis tomate pour agrémenter des spaghettis ou en faire des lasagnes. Pensez aussi aux légumes farcis, boulettes, paupiettes, tourtes, salades...
- Un reste de poisson peut être présenté sous forme de quenelles, terrines, gratins...
- S'il vous reste des légumes, vous pouvez les mixer pour en faire de délicieux potages, purées, flans ou encore les accommoder sous forme de gratins. Ainsi, un reste de champignons rehaussera agréablement vos sauces.
- Quant au pain un peu dur, utilisez-le pour faire des tartines grillées, ou un pudding, si vous êtes courageux, ou encore, si vous êtes gourmand, du pain perdu.

Quelques conseils...

Le poulet à l'honneur

S'il vous reste du poulet, détaillez-le en petits morceaux ou en dés. Incorporez ces dés à une vinaigrette faite avec de l'huile d'olive, du vinaigre balsamique (qui embaumera le plat), du sel et du poivre. Laissez mariner quelques heures au frais avant d'incorporer ce mélange à des salades composées.

Seul à la maison...

Si vous êtes étudiant, célibataire, âgé, il vous arrive sans doute fréquemment de manger seul devant la télé ou votre ordinateur, ou encore le téléphone portable scotché à l'oreille, faute de temps ou parce que la solitude vous pèse particulièrement dans ces moments-là. Cela signifie aussi peut-être que vous n'avez pas d'horaires imposés, peu de contraintes : quel bonheur ! Mais il ne faut pas pour autant négliger vos repas.

Pour vous simplifier la tâche, ayez toujours sous la main des aliments savoureux, ne demandant que peu de préparation. Cela vous évitera d'avoir recours à un service de livraison à domicile, solution de facilité onéreuse et peu satisfaisante.

Faites en sorte d'avoir toujours sous la main :

- des œufs ;
- du jambon blanc ;
- du poisson en boîte (type thon au naturel) ;
- des légumes en boîte ou surgelés (sans aucun additif) ;
- des sachets de salade prête à l'emploi (si vous êtes trop paresseux pour préparer et laver une salade) ;
- des laitages, du fromage ;
- des fruits ;
- du pain de mie complet ;
- un pot hermétique de vinaigrette que vous préparerez à l'avance pour plusieurs jours.

Ne négligez pas des aliments simples d'utilisation comme les conserves et les surgelés.

Surtout prenez le temps de vous attabler : ne mangez pas debout ou sur un coin de table encombrée. Dressez une petite table sympathique, même si vous êtes seul. Faites de chaque repas un moment de plaisir et de relaxation ! Chassez la déprime ! Vous pouvez aussi vous préparer un plateau-repas. C'est une bonne solution qui vous évite, d'une part, de vous déranger au cours du repas et, d'autre part, de « dépasser » les quantités suffisantes pour manger à votre faim.

<u>Quelques conseils...</u>

Un « plateau-maison » vitaminé !

Préparez-vous une salade composée à l'aide d'une salade en sachet (romaine rouge/frisée/scarole), de cerneaux de noix (éventuellement trouvables en barquettes individuelles operculées), d'haricots verts en conserves, d'œufs mollets, d'échalote ciselée (surgelée), de grains de maïs (boîte de conserves), croûtons (petits morceaux de pain de la veille que vous passez dans la poêle sans matière grasse), assaisonnée de vinaigrette. Complétez cette salade par une part de fromage (mimolette), accompagnée de pain et suivi d'un fruit de saison (par exemple, une orange, excellente pour l'apport en vitamine C). Enfin, n'oubliez pas de boire.

Si vous préférez vous arrêter chez le traiteur avant de rentrer chez vous, choisissez judicieusement vos aliments : barquettes de crudités, taboulé, petit plat cuisiné ou poisson froid, macédoine de légumes (évitez de consommer toute la mayonnaise). Pensez aussi au traiteur japonais qui propose sushi et sashimis, très bons pour la santé. Vous pouvez même vous amuser à les confectionner vous-mêmes ! Une fois chez vous, complétez par un laitage et du pain.

... ou en famille

Lorsque vous rentrez du travail, fatigué, qu'il vous reste à vous occuper des enfants, des activités extra-scolaires parfois tardives, la préparation du repas prend vite des allures de corvée... Qui ne connaît pas cette situation ? Mais dites vous bien que le repas du soir est le seul moment de la journée où toute la famille se retrouve pour partager un bon moment. C'est à table que se construit et s'exprime la cohésion de la cellule familiale. C'est le moment familial par excellence. Pourquoi ne pas faire du repas du soir un temps de relaxation, d'évacuation de tensions pour vous mais également pour le reste de la famille ? Bien sûr, vous ne pouvez pas décider de l'humeur de chacun, mais quelques astuces vous aideront à faire en sorte que les choses se passent au mieux.

■ La composition du menu familial

Commencez par vous accorder un moment de détente de quelques minutes : une bonne respiration peut vous aider à vous décontracter. Prenez ensuite connaissance des menus consommés par chacun au déjeuner et essayez de compenser au mieux les erreurs alimentaires. Une trame de réflexion suffira pour ne pas que cela devienne un casse-tête (Voir les conseils de composition d'un déjeuner ou d'un dîner en page 74).

Voici la trame d'un dîner familial, simple et facile :

- un plat de féculents associés à des légumes verts, pour contenter tout le monde et compenser le manque de fibres du déjeuner ;
- des crudités (si nécessaire, pensez aux crudités en sachet à disposition) et/ou un fruit (si vous voulez augmenter l'apport en vitamine C de toute la famille, pensez aux fruits frais comme le kiwi, l'orange, le pamplemousse ou les groseilles) ;
- un produit laitier ;
- de la viande ou du poisson surgelé nature, poêlé ou en papillote, ou encore une omelette ;
- du pain ;
- de l'eau.

Dans tous les cas, il importe d'être cohérent : si vous vous efforcez d'inculquer à vos enfants la notion d'équilibre alimentaire, de diversifier leurs repas, de les inciter à consommer des légumes verts en rappelant que c'est bon pour la santé, faites en sorte de les soutenir à tous les instants dans cette voie, en composant pour eux et pour vous-mêmes des repas sains et équilibrés. Il est indispensable que tous les membres de la famille soient solidaires dans cet effort d'éducation nutritionnelle.

<u>Quelques conseils...</u>

Exemple de menu

- Potage de poireaux/pommes de terre (galets surgelés)
- Omelette au fromage et au cerfeuil
- Yaourt aux fruits
- Pomme rouge
- Pain
- Eau

▨ Quelques astuces

Le potage, ce petit panier de légumes gorgés de vitalité et de couleurs, a souvent mauvaise presse surtout chez les enfants. Mais il y a toutes sortes d'idées gourmandes pour l'agrémenter : délayez un petit fromage fondu pour l'adoucir ; ajoutez une pointe de crème fraîche, des petits croûtons, un œuf poché, des petites pâtes ou encore un petit brin de fraîcheur savoureuse avec du persil, du basilic, de l'estragon...

Bien choisir vos produits

Dites-vous bien que le temps dont vous disposez en rentrant du travail n'est pas une excuse au déséquilibre alimentaire. En effet, avez-vous besoin de plus de temps, quand vous faites vos courses, pour choisir un lait demi-écrémé plutôt qu'un lait entier, des steaks hachés à 5 % de matières grasses plutôt qu'à 15 %, des yaourts natures plutôt que des crèmes desserts... C'est simplement une question de choix des produits.

Si vous aimez cuisiner et que le week-end vous le permet, mitonnez des petits plats que vous congèlerez et consommerez au cours de la semaine et préparez votre vinaigrette dans un moulin à vinaigrette. Vous gagnerez ainsi du temps après une dure journée de travail.

Quelques conseils...

Agrémentez vos salades en sortant des sentiers battus :

- Chou blanc râpé + dés de pomme verte + dés de comté + vinaigrette au vinaigre de cidre
- Mâche + dés de pommes Golden + quelques groseilles pour le décor + vinaigrette avec une pointe de curry
- Romaine + copeaux de parmesan + pignons de pin + vinaigrette
- Pousse d'épinards + œufs mimosa + dés de poivrons rouges + vinaigrette à la moutarde
- Salade de mesclun + jeunes pousses d'épinards + crevettes roses décortiquées + quartiers de pamplemousse rose + vinaigrette à l'huile de colza et vinaigre balsamique
- Endives + noix + oranges en lamelles + miettes de crabe + vinaigrette à l'huile de noisette
- Laitue + lamelles d'oignons rouges + dés de rôti de porc + champignons de Paris citronnés + vinaigrette

Un apéritif entre amis

Lorsque vous recevez des amis, vous avez envie de leur offrir un apéritif qui sorte un tant soit peu de l'ordinaire. Vous ne voulez cependant pas non plus passer tout votre temps dans la cuisine. Voici quelques suggestions pour concilier le plaisir de recevoir et celui d'offrir des bouchées apéritives savoureuses, rapides à préparer et originales.

■ Des amuse-gueules « légers » et savoureux

Quel plaisir de se retrouver entre amis autour d'un verre accompagné de quelques délicates « mises en bouche » ! Généralement, tout ce qui vous est proposé a tendance à vous couper l'appétit mais il n'est pas question de « trinquer » sans eux. Alors que prendre ? Si vous êtes invités, privilégiez les aliments les moins riches en énergie parmi ceux qui vous sont proposés : légumes, fruits ou poisson. Quand c'est vous qui recevez, misez sur la fantaisie pour ouvrir l'appétit et combler la gourmandise de vos invités. Osez les étonner grâce à de nouvelles saveurs ! Voici quelques idées fraîcheur qui signent vos compositions apéritives et apportent peu de calories.

<u>Quelques conseils...</u>

Quelques bouchées de fraîcheur

- Pour commencer, voici un amuse-gueule décoratif : les fleurs de radis ! Lavez bien vos radis (longs de préférence). Incisez en six ou huit endroits sur la partie rose. Trempez-les dans l'eau bien glacée pendant une à 2 heures et les pétales s'ouvriront. L'effet est garanti (mais les apports en vitamine C, potassium et fer sont moindres) !
- Faites des mini-brochettes sucrées-salées composées de morceaux de fruits alternés avec des dés de fromage, des billes de melon, des tomates-cerises et des feuilles de basilic.
- Proposez des petits bâtonnets de légumes à tremper dans un mélange de concombre mixé avec du fromage blanc et de la ciboulette.
- Offrez des tomates-cerises farcies avec du fromage frais et du basilic.
- Préparez une « bruschetta », tartine de pain grillé garnie d'un mélange de dés de tomates marinés avec de l'ail, du persil (et, éventuellement, un filet d'huile d'olive pour une touche gustative). Si l'idée marine vous séduit, vous pouvez y ajouter du thon au naturel émietté.
- Relevez un reste de poisson froid, émietté, avec un peu de fromage blanc et une pointe de curry.
- Présentez un petit ramequin de rillettes de poisson dans lequel seront « trempés » des bâtonnets de légumes ou qui sera tout simplement étalés sur des toasts si votre apéritif prend l'allure d'un apéritif dînatoire.

■ Des boissons vitaminées

Des amuse-gueules sans boisson, ce n'est pas un apéritif, me direz-vous ? Tout est dans la modération. Vous pouvez boire un verre d'alcool pour ne pas être en reste des autres convives, puis poursuivre avec du jus de fruits ou tout simplement de l'eau. Et pourquoi ne pas proposer à vos invités l'un de ces cocktails sans alcool vitaminés et rafraîchissants ?

Quelques conseils...

Cocktails des quatre saisons

- Cocktail d'hiver, avec une orange, un kiwi et un citron : épluchez les fruits, lavez-les soigneusement puis passez-les au mixer. Complétez avec de l'eau minérale. Décorez avec des lamelles d'orange. Pour une touche de gourmandise, vous pouvez ajouter un trait de sirop de grenadine !
- Une autre recette redoutable contre la fatigue hivernale : préparez un bon cocktail de mangue (pleine de vitamines A et C), en mixant la chair d'une mangue pelée et lavée auquel vous ajoutez quelques glaçons, si vous le souhaitez. Complétez avec un peu d'eau et quelques feuilles de menthe.
- Cocktail automnal, avec une pomme, une poire et quelques grains de raisins : lavez les fruits et passez-les au mixer. Consommez immédiatement. Vous pouvez y ajouter quelques gouttes d'extrait de vanille liquide.
- Cocktail printanier, avec une orange, une pomme, quelques fraises ou framboises, de l'eau minéralisée du type Arvie et des feuilles de menthe fraîche : enlevez la peau de l'orange, équeutez les fraises et lavez soigneusement les fruits. Mixez. Ajoutez de l'eau minéralisée fraîche pour augmenter l'apport en sels minéraux. Ciselez quelques feuilles de menthe fraîche. Dégustez immédiatement pour éviter les pertes en vitamine C.
- Cocktail estival composé de deux pêches jaunes, un melon et des glaçons : mixez le tout !

La préparation de ces cocktails ne nécessite d'autre matériel qu'un mixer. Vous pouvez facilement embellir leur présentation à l'aide de feuilles de menthe, rondelles de citron ou d'orange, petites brochettes de dés de fruits frais sur cure-dents (billes de melon, morceaux de pastèque, framboises...)

■ L'option « apéritif dînatoire »

Un apéritif dînatoire juste avant une sortie entre amis est très pratique et sort un peu de l'ordinaire. Il vous permet surtout de passer plus de temps avec vos amis et moins de temps dans la cuisine. Cela vous demande simplement une préparation à l'avance.

> Quelques conseils...
>
> **Quelques idées pour vos apéritifs dînatoires**
>
> - Achetez une pâte à pain, l'étaler et y mettre de la moutarde et quelques rondelles de tomates. Une fois cuite (comme une pizza), découpez des petits triangles. Beaucoup mieux qu'une pizza du commerce ! S'il vous reste un peu de pâte à pain, pensez à sa version sucrée : quelques lamelles de pommes et un soupçon de cannelle séduiront petits et grands !
> - Préparez une sauce au curry à base de yaourt nature + une pointe de curry. Y tremper des crevettes roses décortiquées.
> - Coupez de petites tranches de baguette « à l'ancienne » que vous passez au toaster ou faites légèrement griller des tranches d'un bon pain de campagne. Déposez dessus un mélange de thon au naturel mixé avec un petit suisse + moutarde + aneth + sel + poivre.
> - Préparez un ramequin de moules cuites au vin blanc et marinées. Elles seront consommées froides, à l'aide de cure-dents.
> - Faites cuire des dés de pommes de terre dans un bouillon d'épices (safran ou curcuma, piment de Cayenne...). Égouttez-les et servez-les encore chaudes, accompagnées de cure-dents !

Pour un repas familial ou entre amis !

Il y a certaines occasions qui donnent envie de réunir petits et grands autour d'un vrai repas qui sorte de l'ordinaire ! Même dans ces cas-là, il est possible de trouver un arrangement entre gastronomie, diététique et simplicité d'organisation ! Gardez à l'esprit le plus important : que tous puissent profiter de la fête, que la maîtresse de maison ne reste pas confinée dans sa cuisine, et que les invités ne repartent pas le ventre lourd et l'esprit fatigué...

Pour la composition de votre repas, privilégiez un plat qui sorte un peu de l'ordinaire, pour le reste faites le choix de la simplicité.

De même, pour éviter de longues stations à table, vous pouvez vous contenter de trois services et supprimer le fromage, notamment si les autres plats contiennent des laitages... Une autre alternative consiste à faire un apéritif un peu consistant, qui serve d'entrée...

Jouez la carte des thèmes et de la décoration, qui stimuleront votre imagination et égaieront l'humeur des convives ! Piochez un thème parmi les couleurs, les pays du monde ou encore les saisons : tout est possible !

Quelques conseils...

Un menu « blanc »

- Salade de céleri, pommes et endives
- Rôti de porc et riz, sauce au yaourt, moutarde et ciboulette
- Glace à la vanille et meringue

Un menu de printemps

- Salade mêlée, agrémentée d'œufs durs coupés en rondelles, de tomates, de radis
- Daurade grillée au fenouil et pommes de terres nouvelles
- Chabichou
- Fraises (sucre ou crème Chantilly à part)

Retenons l'essentiel !

Il est tout à fait possible de vous simplifier les repas pris à domicile, mais cela ne doit pas se faire au détriment de leur qualité. Au lieu de produits industriels, utilisez le plus souvent possible des produits basiques (frais, en conserves ou surgelés) que vous agrémenterez vous-mêmes à l'aide d'épices, d'herbes, de fruits et légumes... C'est bien meilleur. Et vous en tirerez assurément une plus grande fierté !

Chapitre 6

À l'extérieur : au restaurant ou sur le pouce

Le rythme de la vie s'accélère, les déplacements se multiplient et le fait de déjeuner à l'extérieur de chez soi se banalise, que ce soit au restaurant, dans un snack ou sur le pouce... Devant l'abondance de l'offre alimentaire, il est souvent difficile de choisir judicieusement ses aliments pour garder un minimum d'équilibre alimentaire, si important pour la santé physique et mentale. Ce chapitre vise donc à vous donner des conseils simples pour éviter l'accumulation d'erreurs alimentaires et vous apprendre à composer au mieux vos menus, entre « manger bien » et « bien manger ». Le plaisir n'est-il pas le secret de la forme ?

Pour chaque circonstance, il vous est proposé une série de menus adaptés. Attention ! Il ne s'agit pas de « menus parfaits », ni de « menus régime » mais de solutions pour tirer le meilleur parti de ce qui vous est offert dans les différents lieux de restauration.

Rappelons enfin que votre équilibre alimentaire ne se joue pas sur un repas, mais sur la journée, voire sur plusieurs jours. C'est pourquoi chaque menu est suivi de quelques conseils qui vous aideront à « rectifier » vos apports journaliers, si nécessaire.

 Ne culpabilisez plus !
Il n'y a aucune raison de culpabiliser après un repas riche en calories. Il suffit de se rattraper aux repas suivants : insistez sur les légumes cuits, les laitages et les fruits frais. Il est d'ailleurs probable que c'est ce qui vous fera le plus plaisir après un repas un peu lourd.

Au restaurant

Restaurant prestigieux ou bistrot de quartier, brasserie ou cafétéria… tous proposent une cuisine traditionnelle, mais chaque type d'établissement a des spécialités. Connaître leurs spécificités vous permettra de savourer le meilleur de ce qu'ils ont à offrir tout en composant judicieusement votre menu.

 Quelques principes simples

Voici quelques règles simples, valables en toutes circonstances, quel que soit le type d'établissement fréquenté :

- Si vous choisissez une salade composée en entrée, vous pourrez vous faire plaisir au dessert. En revanche, si vous optez pour une entrée énergétique, comme une terrine du chef, privilégiez les fruits en dessert.
- En entrée, pour vous mettre en appétit, choisissez plutôt des crudités (tomates, carottes, champignons frais), maïs, melon ou tomates séchées… Vous pouvez confectionner vous-mêmes la sauce vinaigrette, à l'aide des ingrédients mis à votre disposition, et éviter d'en imbiber la salade.
- Pour ce qui est de l'accompagnement du plat principal, choisissez plutôt une pomme de terre au four que des frites.

■ La gastronomie traditionnelle

Le **restaurant traditionnel** destiné à une clientèle très variée, propose généralement un service à l'assiette de l'entrée au dessert, même si la tendance actuelle est à la simplification du repas qui se limite de plus en plus à un plat garni. Il faut cependant savoir qu'en optant pour un plat unique on réduit la consommation de crudités et de fruits (et donc les apports de fibres) au profit de prises alimentaires hors repas, souvent grasses et sucrées (comme les viennoiseries). Gardez donc à l'esprit qu'il est préférable de choisir un menu avec plusieurs composantes qui couvrira mieux vos besoins (à moins, bien entendu que vous ne soyez guidé par des raisons économiques).

Quelques conseils...

Suggestion de la diététicienne

- Terrine de campagne et toasts
- Merlu sauce à l'oseille
- Pommes vapeur persillées
- Fromage blanc et coulis de framboise
- Méli-mélo de fruits frais

La ronde des desserts
La salade de fruits frais est le dessert idéal. Son apport énergétique est correct mais surtout elle représente un complément intéressant en fibres, vitamines et minéraux. Sachez que parmi les desserts les moins riches en énergie, il y a l'île flottante et la crème caramel. Même la tarte aux fruits est riche en calories, surtout si elle est garnie de crème pâtissière. Elle est à réserver aux gourmands ou aux sportifs ! Le fondant au chocolat, quel délice pour les amateurs ! Si vous en avez envie et que vous le savez à l'avance, prenez un plat à base de poisson et de légumes et/ou pommes vapeur.

La **brasserie** qui fait la renommée de la cuisine française est née de la rencontre entre le café et le restaurant. On y sert une cuisine à connotation populaire, conciliant saveurs et simplicité, accompagnée de bière ou de vin servi au verre. La brasserie se caractérise par un service efficace et rapide (le plus souvent dans une atmosphère bruyante) à n'importe quelle heure du jour... et jusque tard dans la nuit.

Les filets de harengs et pommes à l'huile font toujours partie des entrées traditionnelles affichées sur l'ardoise. Côté plat, la valse des saveurs est de mise avec le pot-au-feu, la tête de veau, la choucroute garnie... En outre, la brasserie ne serait pas la brasserie sans les incontournables fruits de mer. Pour ce qui est des douceurs, crème brûlée et mousse au chocolat sont indémodables.

Quelques conseils...

Suggestion de la diététicienne

- Choucroute alsacienne
- Coupe de melon au coulis de fruits exotiques

Après un repas à la brasserie, pensez à consommer dans l'après-midi un laitage ou encore à augmenter votre ration de calcium sur les repas suivants. Le dîner sera « léger » en protéines et comportera des crudités.

La **cafétéria** propose souvent un cadre efficace mais convivial, elle affiche volontiers son caractère régional, axée exclusivement sur des produits frais préparés devant vous. Elle propose un assortiment de plats et de boissons en libre-service : buffet d'entrées « traditionnelles », plats chauds en self-service, îlot de desserts. Libre à chacun de composer son plateau comme il l'entend, il suffit de payer avant de dénicher une table pour consommer.

Quelques conseils...

Suggestions de la diététicienne

- Buffet d'entrées (crudités/cuidités)
- Poulet rôti à la broche et frites
- Yaourt aux fruits

ou encore

- Demi-pamplemousse sucré
- Dos de cabillaud poêlé aux épices et riz
- Tarte aux framboises

Les restaurants qu'on trouve dans les hôtels peuvent être qualifiés de « **restaurants de passage** ». Le service est souvent proposé « à l'assiette » ou sous forme de buffet : les grillades préparées devant le client y sont bien représentées. Ces formules qui donnent souvent la possibilité de se servir à volonté en hors-d'œuvres, fromages et desserts, permettent de composer son menu facilement et donc de limiter les matières grasses. Ainsi, sur les buffets, les sauces sont présentées à part des crudités, ce qui permet de contrôler l'apport en lipides.

Quelques conseils...
Suggestion de la diététicienne

- Buffet d'entrées
- Jambon braisé et pomme au four
- Crème renversée au caramel

ou encore

- Salade verte sauce cocktail
- Pièce du boucher grillée et haricots verts
- Carpaccio d'ananas frais et boule de glace vanille

Évitez de terminer la sauce cocktail surtout si vous optez pour une sauce poivre, roquefort ou encore Béarnaise pour accompagner votre viande. Et n'oubliez pas le pain, surtout dans la deuxième suggestion.

Profitez de la pause que vous offrent ces restaurants, entre deux avions ou deux trains... Ils permettent de compenser les sandwiches, pris le plus souvent sur le pouce, et de décompresser quand vous menez une vie à cent à l'heure. Si vous restez à l'hôtel, pensez aussi au room-service pour vous faire servir des repas ou bien des collations si vous êtes en horaires décalés. Cette formule est particulièrement adaptée à l'amplitude des horaires de repas.

■ Un pur moment de gastronomie !

Repas d'affaire, fêtes de famille ou sorties gastronomiques sont autant d'occasion de repas riches, sortant de l'ordinaire, accompagnés de vins choisis. Il n'est pas question de s'en priver !

Rappelons simplement qu'il y a différentes manières de savourer un bon repas. Pour garder jusqu'au bout la sensation de plaisir et les idées claires, mieux vaut éviter une succession de plats lourds, trop arrosés.

Sur toutes les cartes, il est possible de trouver des plats raffinés mais peu riches en calories. Il ne s'agit pas de renoncer au plaisir mais de choisir ce qu'il y a de meilleur, et pour vos papilles et pour vous !

Pour que l'alcool reste un plaisir

L'avantage de ne pas consommer d'alcool ou très peu, c'est qu'on garde les idées claires – ce qui peut être intéressant dans le cadre d'un repas d'affaires, en cas de négociation de contrat par exemple !

Évitez autant que possible les apéritifs (surtout les alcools forts) ou bien prenez un jus de tomate avec une pincée de céleri en poudre. Cela vous permettra de prendre un bon verre de vin au cours du repas.

Si vous préférez le champagne au vin : pas de problème mais limitez-vous à une coupe !

Dans tous les cas, privilégiez la qualité à la quantité !

Pour composer au mieux votre menu, voici quelques idées simples, faciles à mettre en pratique :

▶ En entrée, privilégiez les petites salades composées de saison ou encore des assortiments de crudités. Vous pouvez aussi opter pour des fruits de mer, accompagnés de pain de seigle. Laissez la mayonnaise de côté ou bien n'en prenez que très peu… Préférez-lui le citron ou le vinaigre à l'échalote.

▶ En plat, choisissez une viande grillée ou un poisson poêlé, poché ou éventuellement braisé, accompagné de légumes. Si vous souhaitez de la sauce, demandez-la à part et évitez de saucer votre assiette. S'il s'agit d'une volaille, retirez la peau, véritable concentré de lipides. Si une viande en sauce a votre faveur, retirez les parties grasses visibles. Notez que vous pouvez aussi prendre des fruits de mer en plat principal, pour faire le plein de minéraux !

▶ N'hésitez pas à terminer sur une note sucrée, mais misez sur la simplicité : comme toujours, choisissez votre dessert en fonction du reste du repas. À moins d'une sortie au restaurant exceptionnelle, évitez les ajouts superflus comme les pralines, le coulis de chocolat, crème anglaise, etc. N'hésitez pas à donner la place d'honneur aux fruits : salades de fruits rouges, bavarois, terrine d'agrumes…

Toujours dans la tonalité fruitée, le sorbet est un dessert qui fournit très peu de calories et pas une once d'acides gras saturés. C'est un des meilleurs desserts glacés qui soient... même si ce n'est pas comparable à un fruit, cuit ou cru, autrement riche en fibres. Enfin, si la crème glacée vous attire particulièrement, prenez deux boules au lieu de trois... et abandonnez la cigarette russe ! N'oubliez pas non plus que le dessert n'est pas une obligation, surtout si vous êtes rassasié. Ne vous forcez pas ! Restez-en là si vous n'avez plus faim...

▸ Pour terminez, contentez-vous d'un café filtre ou d'un expresso, qui ne contiennent aucune calorie... à moins qu'on n'y ajoute lait, crème ou sucre !

▸ Dernière astuce : concentrez-vous sur la conversation, vous mangerez moins !

Quelques conseils...
Suggestions de la diététicienne

- Une coupe de champagne
- Salade de mesclun aux langoustines et vinaigrette au xérès
- Tournedos à la sauce Béarnaise
- Gratin dauphinois et haricots verts
- Café

Limitez-vous à une seule coupe de champagne pour tout le repas et prenez le temps de la savourer. Pour le plat principal, laissez de côté la barde qui entoure le tournedos et servez-vous raisonnablement de Béarnaise. Cette sauce étant riche en lipides, tout comme le gratin dauphinois, évitez de prendre en plus du fromage... Si vous avez encore « de la place » pour un dessert, choisissez un sorbet ou une salade de fruits.

- Foie gras d'oie, toasts et verre de Sauternes
- Bar grillé au sel de Gérande
- Purée parmentière à l'huile d'olive
- Méli-mélo de pêche et fruits rouges, sorbet à la verveine

Si vous succombez aux profiteroles au chocolat, allégez la note calorique en prenant à la place du foie gras des asperges tièdes à la vinaigrette au balsamique, ou encore une frisée aux langoustines et sauce vinaigrette au curry.
- Foie gras au sel de Guérande et baies roses
- Nage océane
- Coupe de fraises à la menthe fraîche

ou encore
- Douzaine d'huîtres, accompagnées de vinaigre de cidre ou de vinaigre à l'échalote
- Selle d'agneau aux légumes printaniers
- Assiette de fruits rouges et sorbet à la lavande

Notez que les puristes préfèrent les huîtres natures avec un tour de moulin de poivre, sous prétexte que le citron ou le vinaigre, acidulés, dénaturent le goût de l'huître. C'est à vous de choisir !

Restaurants scolaire, universitaire ou d'entreprise

Bien souvent, la restauration collective, proposée sur le lieu d'activité est la solution la plus pratique. C'est aussi souvent la meilleure alternative.

■ Le restaurant scolaire

Le déjeuner, servi en collectivité, doit en principe couvrir 40 % des besoins des enfants. (Pour certains d'entre eux, c'est le seul vrai repas de la journée.) Sachez que normalement les menus sont affichés à l'extérieur des établissements scolaires, de manière à pouvoir être lus par tous. C'est à vous, parents, d'en prendre connaissance afin d'en tenir compte pour les autres repas de la journée.

Les restaurants scolaires ont longtemps été décriés. Aujourd'hui, la plupart d'entre eux sont pris en charge par un personnel averti et attentif d'une part à la composition des repas, d'autre part au bon déroulement de celui-ci, qu'il s'agisse de la qualité du cadre, de l'hygiène ou encore d'animation, festive ou non.

Aujourd'hui, le self-service constitue le principal mode de distribution des repas. Il se fait en linéaire. Les enfants se servant eux-mêmes, consomment ce qu'ils veulent. Il est parfois difficile de leur faire prendre un repas bien composé. Néanmoins, dans certaines écoles, ou encore pour les petites classes, le service à table est encore en usage.

■ Le restaurant universitaire

Le restaurant universitaire sert des repas traditionnels, de qualité correcte. Il permet aux étudiants de manger à moindre frais. Si certains étudiants ne le fréquentent pas, c'est avant tout en raison de files d'attente trop longues ou encore à cause de la qualité des produits jugée peu attrayante.

Le restaurant universitaire traditionnel offre, midi et soir le plus souvent, la possibilité de choisir entre deux viandes, accompagnée d'un légume et d'un féculent, en plat principal, un laitage ou un dessert et une boisson. Il permet de manger « équilibré » au moins une fois par jour (sachant que l'équilibre alimentaire se fait à l'échelle de la semaine).

Aujourd'hui, il est fréquent de voir s'ouvrir des cafétérias au sein du restaurant universitaire, qui tend ainsi à diversifier au maximum l'offre, principalement pour attirer les étudiants volatiles et renforcer leur aspect convivial. En plus d'un assortiment de préparations froides et chaudes, on y trouve de plus en plus souvent différents pôles : sandwiches froids et chauds, cuisine italienne (à base de pizzas et pâtes), rôtisserie et frites, assiettes végétariennes, crêperies... Le service se fait à table, dans les salles à manger qui jouxtent les différents pôles.

Ce type de restauration a l'avantage d'offrir une alimentation variée. Il importe cependant de rester vigilant à l'apport suffisant de sources de calcium, de vitamine C et de fibres au cours des repas suivants.

■ Le restaurant d'entreprise

Le restaurant d'entreprise représente généralement la solution la plus pratique pour le déjeuner quotidien. Organisé le plus souvent sur un mode de distribution linéaire, il mêle cuisine traditionnelle et cuisine à thèmes (pizza, crêpes...), offre un choix varié, comptant plusieurs entrées, plats principaux, produits laitiers et desserts. Libre à vous d'y prendre un en-cas ou de composer un repas complet, respectueux de l'équilibre alimentaire ! Choisissez donc un plat principal (viande ou poisson avec un mélange de légumes et féculents), accompagné d'une entrée ou d'un dessert. N'oubliez ni l'eau ni le pain... Voilà un repas qui vous permettra d'attendre le repas suivant.

 Du bon choix des crudités

Toutes les crudités (entrée de légumes crus ou fruit cru) ne se valent pas ! Certaines sont riches en vitamine C (comme les tomates, les oranges, les fraises...), ou pauvres en vitamine C (endives...). D'autres ont une composition qui se rapprocherait plutôt des féculents : c'est le cas de la banane.

Sachez que lorsque vous prenez des betteraves ou des champignons à la grecque, il ne s'agit pas de crudités mais de cuidités, dont l'intérêt nutritionnel n'est pas le même (les cuidités sont plus riches en fibres.)

Pour varier les plaisirs sans perdre de vue vos besoins nutritionnels, vous pouvez user de quelques astuces :

- ▶ Si vous boudez le plat de viande ou de poisson, complétez votre repas par un entremets aux œufs et au lait.
- ▶ Si vous avez choisi un plat de féculents, prenez plutôt une compote en dessert pour l'apport de fibres.
- ▶ La pâtisserie n'est pas bannie, au contraire : elle viendra à point pour compléter un repas pauvre en sucre et en matières grasses !

Voici une liste de menus qui vous donneront l'exemple de la façon dont vous pouvez équilibrer votre alimentation sur 5 déjeuners d'une même semaine. Par ailleurs, ces menus peuvent aussi vous servir d'exemple pour la composition de menus de déjeuner à la maison.

Quelques conseils...

Suggestions de la diététicienne

- Salade de tomates persillées
- Bavette à l'échalote
- Haricots verts à l'anglaise
- Emmental
- Gâteau de semoule au caramel

- Betteraves mimosa
- Poulet à la basquaise
- Coquillettes
- Fromage blanc et sa gelée de groseilles
- Orange

- Salade mélangée aux dés de gruyère
- Paella aux fruits de mer
- Mousse au chocolat

- Un demi-pamplemousse + sucre
- Darne de saumon aux herbes fraîches
- Épinards à l'étouffée et pommes à l'anglaise
- Yaourt nature sucré
- Tarte aux pommes

- Taboulé à la menthe
- Omelette aux champignons persillade
- Roquefort
- Salade de fruits frais

Cuisines d'ici et d'ailleurs

La restauration à thème s'inscrit davantage dans un contexte de loisirs. Apprenez à connaître les spécialités, pour choisir astucieusement vos menus, tout en profitant de ces occasions de réjouir votre palais...

■ Crêpes, tartes et salades

La **crêperie** propose bien évidemment des crêpes ainsi que des galettes, délices appréciés des petits et des grands, souvent accompagnés d'une bolée de cidre (à réserver aux plus grands seulement !) Les crêpes de froment se servent traditionnellement sucrées. Les crêpes de sarrasin (ou galettes) sont préparées à base de farine de blé noir, farine plus riche en minéraux (magnésium notamment), vitamine (B1, acide folique) et en fibres que celle au froment. Elles sont fréquemment garnies de viande, jambon, poisson, œuf, fromage, salade...

Peut-on en faire un repas ? Riches en glucides complexes, les galettes peuvent remplacer occasionnellement un plat de féculents. Pour en faire un repas bien composé, il faut alors jouer sur les garnitures comme les légumes (champignons, oignons, tomates, salade...) riches en fibres, vitamines et minéraux. Ajoutez-y du jambon, un œuf, du gruyère. Si vos papilles en redemandent, pourquoi ne pas continuer avec une crêpe sucrée en dessert, avec des tranches d'oranges ou de la compote de pommes à la cannelle... ou encore une crêpe flambée ?

Quelques conseils...

Suggestion de la diététicienne

- Galette complète (œuf, jambon, champignons, emmental)
- Salade verte assaisonnée
- Crêpe à la compote de pommes et à la cannelle

Notez que le pain est superflu dans ce type de menu.

Si la galette est consommée au déjeuner, vous insisterez davantage sur les légumes cuits, les produits laitiers au dîner, sans oublier un fruit riche en vitamine C.

Traditionnellement, quiches et tartes sont proposées chez le boulanger ou le traiteur mais les **tarteries**, consacrées à ces préparations, rencontrent aussi un vif succès. Sucrées ou salées, entières ou en portions, faciles à manger, elles nous font en outre faire un bon en arrière en nous rappelant « les tartes de nos grands-mères », souvenir très réconfortant ! Notez que ces produits sont généralement très riches en énergie. Préférez les tartes faites avec une pâte brisée plutôt qu'une pâte feuilletée qui est plus riche en lipides.

Quelques conseils...

<u>Suggestion de la diététicienne</u>

- Quiche au thon
- Yaourt à boire
- Nectarine

La quiche sera achetée en tarterie. Pensez à emporter de chez vous yaourt et nectarine et conservez-les au frais jusqu'à leur consommation dans une pochette isotherme et/ou réfrigérateur sur votre lieu de travail s'il y en a un. L'hygiène alimentaire est un point tout aussi important que la qualité nutritionnelle de vos aliments.

La **saladerie** met du soleil dans votre assiette ! Si la saladerie offre (c'est souvent le cas) des formules à la carte, composez votre salade en diversifiant garnitures et couleurs tout en limitant l'apport d'huile, souvent en excès : salades, tomates, radis, maïs, concombres... mais aussi poulet, jambon, œuf dur, thon (pour l'apport de protéines), car les crudités seules ne vous caleront qu'un temps. Si vous vous faites plaisir avec des lamelles d'avocat ou des lardons, pensez à demander la sauce à part. Enfin, ne boudez pas le pain : il vous garantit l'apport de glucides complexes, bien utiles pour attendre le prochain repas.

Dans les « bars à... »

Créés autour d'un type de plat ou d'aliment, les bars à tapas, saumon, salades ou soupes, usent d'inventivité pour le décliner sous toutes ses formes et composer autour.

Le plus courant est sans doute le **bar à tapas**. Issus de la tradition culinaire espagnole, les tapas sont des amuse-gueules, servis en petites portions comme les olives, calamars ou poulpes farcis, salade de moules, légumes marinés. Ils peuvent prendre l'aspect de petites brochettes (langoustines en beignets, moules panées, morceaux de jambon Serrano autour d'olives...). Imagination et créativité s'en donnent à cœur joie ! Traditionnellement, les tapas ont pour rôle de faire patienter jusqu'au repas du soir consommé tardivement mais si la sélection proposée est abondante et variée, les tapas peuvent être considérés comme un véritable repas.

La tortilla est servie découpée en petits carrés et servis en tapas avec des cure-dents. C'est d'ailleurs un des tapas principaux.

Quelques conseils...
Recette de la tortilla espagnole

Pour quatre personnes : deux grosses pommes de terre, deux oignons, huit œufs, trois cuillères à soupe d'huile d'olive, sel et poivre

Épluchez, lavez les pommes de terre. Coupez-les en rondelles. Pelez et hachez les oignons. Faites-les revenir dans deux cuillères à soupe d'huile d'olive avec les pommes de terre. Ajoutez sel et poivre. Faites cuire 20 minutes environ. Mettez les pommes de terres sur du papier absorbant pour retirer l'excédent de matières grasses.

Cassez les œufs dans un saladier. Battez-les en omelette. Puis y ajouter les pommes de terre. Mélangez et rectifiez l'assaisonnement. Versez le reste de l'huile d'olive dans la poêle, versez la préparation. Surveillez la cuisson. Une fois qu'elle est cuite, retournez l'omelette dans une assiette et faites cuire sur l'autre face rapidement. C'est en effet la particularité de la tortilla que d'être cuite des deux côtés.

Le **bar à saumon** est une forme très en vogue. On peut y déguster du saumon cru, mariné, cuit, le plus souvent fumé. Jusque là tout va bien. Mais il est le plus souvent accompagné de blinis, de crème fraîche et de pommes de terre ! Les blinis et la crème fraîche ont pour effet d'augmenter la ration lipidique déjà élevée si votre saumon est consommé fumé. Il est recommandé de lui préférer le saumon frais. Si vous optez néanmoins pour une formule comprenant saumon fumé, crème, blinis et pommes de terre, sachez qu'il faudra accentuer sur les autres repas, essentiellement sur la consommation d'aliments riches en calcium, en fibres et limiter l'apport d'aliments riches en lipides.

 Le blini

Sachez que le vrai blini (pain rond et épais) est réalisé à partir de farine de sarrasin et non de farine de blé à laquelle on additionne de l'eau ou du lait, de la levure du boulanger, du beurre ou de l'huile, des œufs et du sel. C'est donc un aliment énergétique.

Comme son nom l'indique, le **bar à huîtres** sert essentiellement des huîtres, dégustées, façon apéritif, sur le pouce et sans modération, mais aussi des plats ou entrées à base de poisson, dégustés dans une ambiance simple et chaleureuse. Tous ces délices de la mer sont fréquemment accompagnés de pâtes fraîches. C'est un bon choix. Finissez sur un dessert qui vous fait plaisir mais peu riche en protéines étant donné l'abondance de ces dernières dans l'entrée et le plat. Évitez donc les desserts riches en œufs. Au repas suivant, insistez sur les fibres cuites, les crudités et les produits laitiers.

Quelques conseils...

Suggestion de la diététicienne

- Assiette d'huîtres (citron + pain de seigle)
- Croustillant aux framboises

Le **bar à pâtes** puise principalement son inspiration en Italie. On y retrouve les grands classiques de cette cuisine comme le risotto, le carpaccio et, naturellement, les pâtes sous toutes leurs formes et à toutes les sauces... accompagnés de salades. Un menu à base d'une salade composée, d'un plat de pâtes avec une touche de parmesan est d'excellente composition.

Quelques conseils...

Suggestion de la diététicienne

- Salade composée (roquette, tomates séchées, copeaux de parmesan)
- Tagliatelles au pesto
- Café expresso

Le **bar à soupes** : quelle bonne idée ! Entre souvenirs d'enfance, images d'hiver et nuits blanches (l'incontournable soupe à l'oignon des couche-tard...), la soupe, à connotation populaire et conviviale, est avant tout un concentré d'eau, de fibres, de vitamines et minéraux. Chaudes ou froides, elles se consomment rapidement et rassasient tout aussi vite. Elles se déclinent à l'infini et sont un excellent moyen de consommer des légumes et de se réhydrater.

■ Cuisine du monde

À la trattoria (restaurant italien)

La cuisine italienne, riche et variée, est très appréciée aux quatre coins du monde. Tomates fraîches, huile d'olive, parmesan, ricotta, fruits de mer comptent parmi ses principales richesses. En Italie, le repas traditionnel comprend des anti-pasti, une entrée de pâtes, de rizotto, de polenta ou de gnocchi, ou encore un minestrone, puis un plat de viande ou de poisson, servi ou non avec une garniture, du fromage et un dessert.

Quelques fleurons de la cuisine italienne
Grissini : petits pains en forme de flûte, riches en huile d'olive et parfois en saindoux
Antipasti : hors-d'œuvres variés, allant du jambon cru aux légumes marinés
Minestrone : potage copieux à base de tomates, d'ail et de pâtes
Pepperoni : saucisson sec apparenté à un salami, plus ou moins épicé, à base de viandes de porc et de bœuf assaisonnées de poivre et d'épices servi en tranches fines sur les pizzas notamment
Osso-bucco : plat de veau milanais
Saltimbocca : escalope de veau recouverte de jambon sec ou fumé et d'une feuille de sauge, déglacée au marsala
Gnocchi : préparation à base de pomme de terre ou de semoule
Polenta : préparation à base de farine ou semoule de maïs, d'eau, de beurre et de parmesan
Risotto : plat à base de riz revenu dans la matière grasse (cuisson pilaf), cuit au court-bouillon, additionné de fruits de mer, tomates…
Mascarpone : fromage blanc à base de lait et de crème, similaire à une crème de fromage et tout aussi riche en lipides !
Ricotta : fromage fabriqué à base de petit-lait de brebis ou de chèvre
Panacotta : « crème cuite » servie généralement avec un coulis de framboise
Zuppa inglese : entremets à base de crème anglaise et de biscuits à la cuiller
Tiramisu : dessert composé d'une subtile alternance de biscuits à la cuiller, de mascarpone et de café, et parfumé au marsala ou à l'amaretto
Tranche napolitaine : crème glacée
Cappucino : café expresso coiffé de lait chaud (le plus souvent entier) fouetté ou de crème fouettée, saupoudré d'un peu de cacao en poudre
Marsala : liqueur sicilienne aux œufs et aux amandes
Amaretto : liqueur d'amande

Étant donnée la réputation des restaurants italiens de servir des assiettes bien remplies, il n'est pas nécessaire de prendre d'anti-pasti ou d'autre entrée. Mais tout dépend, bien entendu, de ce que vous avez l'intention de prendre en plat et dessert !

Voici quelques astuces pour profiter au mieux de ces plats savoureux.

▶ En entrée, une petite salade de légumes croquants (vinaigrette à part), une salade de tomates, mozzarella et basilic, des petits calamars marinés ou encore des légumes grillés. Pour changer un peu, pensez au minestrone (mariage heureux de légumes et de pâtes). Sachez quand même que les calamars à la romaine sont riches en graisses et doivent être classés parmi les fritures !

- Un bon plat de pâtes est une excellente source d'énergie de par sa richesse en glucides complexes, protéines végétales, magnésium, vitamines B... En revanche, méfiez-vous de la garniture, à choisir judicieusement : les sauces type carbonara, ou aux quatre fromages ont tendance à alourdir la note énergétique... Un coulis de tomates au basilic, une sauce marinara ou bolognaise (à base de tomates) semble de bons compromis.

- Si vous préférez la viande, choisissez plutôt de la volaille ou du poisson grillé, accompagné d'une bonne insalata (salade).

- Pour le dessert, optez plutôt pour une bonne glace que pour le tiramisu. Mais si vous optez pour ce grand classique de la cuisine italienne, et si vous avez le courage de vous limiter, demandez-en une portion réduite !

- Pour terminer, on vous proposera sûrement (bien qu'en Italie il soit réservé au petit déjeuner) un cappuccino. C'est un apport de calories supplémentaires (graisses cachées et sucre). Si possible, demandez l'utilisation de lait demi-écrémé. Dans tous les cas, le cappuccino reste préférable au café moka qui contient en plus du sirop de chocolat ! Il s'agit d'un réel café dessert.

- Ne demandez pas de corbeille de pain, si elle n'est pas sur la table. Calmez plutôt votre faim avec un grand verre d'eau. Méfiez vous des grissini que l'on grignote sans s'en rendre compte.

Quelques conseils...

Suggestion de la diététicienne

- Salade de tomates à la mozzarella au basilic
- Spaghetti aux fruits de mer, à l'ail et au persil
- Tranche napolitaine

Dans la cuisine italienne, la pizza, reine de la cuisine napolitaine, occupe une place à part. Bien que les trattorias la proposent, il existe aussi des restaurants, souvent plus simples, qui s'y consacrent principalement ! Si la pizza a mauvaise réputation, c'est qu'on lui reproche principalement sa teneur en lipides et en sel. Si elle est bien composée, elle peut pourtant être une alliée : gardez néanmoins en tête que plus la garniture est importante, plus le bilan s'alourdit.

Si vous en avez la possibilité, choisissez une pizzeria qui propose des pizzas avec une pâte fine plutôt qu'épaisse. Préférez une pizza avec des légumes (champignons, cœurs d'artichauts, poivrons...), par exemple une pizza « quatre saisons ». Certaines garnitures sont à consommer occasionnellement : la viande hachée (qui contient généralement plus de 20 % de matières grasses), le chorizo ou encore le pepperoni qui regorgent de graisses saturés. Optez plutôt pour le traditionnel jambon, le thon ou encore les fruits de mer. Mozzarella et pâte à pain compléteront le tout pour faire de votre pizza un repas complet ! Vous pouvez aussi prendre une pizza sans fromage que vous saupoudrerez de parmesan, en restant ainsi maître de votre consommation. Complétez votre pizza par une salade simple, type romaine, avec assaisonnement à part si possible.

Après tout ça, le dessert est superflu ! Si vous ne pouvez y résister, optez plutôt pour un sorbet ou une salade de fruits frais. Si vous êtes plutôt « salé », prenez en entrée une salade composée ou un accompagnement de jambon cru en saison.

Quelques conseils...

Suggestion de la diététicienne

- Pizza quatre-saisons (tomate/jambon/artichaut/olives/mozzarella/origan)
- Romaine vinaigrette au balsamique
- Sorbet aux fruits rouges

Dans les restaurants asiatiques

La cuisine asiatique, qui regroupe les cuisines chinoise, vietnamienne, thaïlandaise, birmane, indonésienne... joue la carte du dépaysement et une subtile harmonie des saveurs mêlant également l'acide, l'amer, le salé, le sucré et le pimenté.

Le principal inconvénient de la cuisine asiatique est l'absence de lait et produits laitiers. Il vous faut donc penser à augmenter l'apport de calcium au cours des autres repas de la journée pour couvrir vos besoins.

La cuisine chinoise qui est une des plus réputées du monde, est essentiellement composée de légumes, de soja (ou soya), de produits à base de farine (crêpes, nouilles, raviolis...), sans oublier le canard laqué et la fondue chinoise.

Quelques fleurons de la cuisine chinoise
Nems ou pâtés impériaux : galettes de riz garnies et frites que l'on déguste avec les doigts, accompagnées de feuilles de menthe et de sauce nuoc-nam
Rouleau de printemps : contrairement aux nems, ils se consomment non cuits et froids.
Ravioli : sorte de ravioli cuit à la vapeur à base de porc, pousses de bambou, champignons chinois...
Canard laqué : canard enduit en cours de cuisson par de la sauce aigre-douce
Fondue chinoise : viande ou poisson découpé que l'on trempe dans un bouillon de légumes
Riz cantonais : mélange de riz cuit sauté avec garniture de crevettes, d'œufs en omelette ou brouillés... assaisonné de sauce chinoise
Ramboutans : fruit tropical à chair parfumée

Contrairement au repas occidental, le repas traditionnel chinois a une structure dite « horizontale » : Les plats sont tous servis en même temps, le plus souvent sur une table ronde, et sans couteau puisque les aliments sont prédécoupés en cuisine. On commence par les plats froids, disposés sur un plateau tournant et accompagnés de nombreuses sauces présentées dans des petits bols. Suivent ensuite des plats chauds (de viande, poissons ou légumes) servis avec du riz blanc plutôt collant. Les desserts sont servis dans des petites assiettes placées au milieu de la table. À la fin du repas, on propose parfois du bouillon ou une soupe. C'est une alimentation très saine.

Ce qui nous est proposé dans les restaurants chinois en France est bien différent ! Le service se fait à l'occidentale, les plats sont standardisés, mâtinés d'autres cuisines asiatiques. Cela n'a plus grand-chose à voir avec la cuisine de Chine. Reste la caractéristique principale des habitudes alimentaires chinoises : l'utilisation de baguettes ou de cuillères chinoises. C'est aussi un moyen simple et efficace de moins consommer. Comme on a besoin de davantage de temps pour manger, on est plus vite rassasié.

 Le syndrome du restaurant chinois

Les sauces chinoises sont très riches en sodium et en glutamate de sodium (additif alimentaire largement utilisé dans la cuisine asiatique pour réhausser la saveur des aliments, surtout dans les sauces). Il a longtemps eu mauvaise presse. On parlait même de « syndrome du restaurant chinois » caractérisé par des sensations de brûlures dans la nuque, de serrements à la poitrine, de nausées et sueurs, de céphalées, d'asthénie intense… Mais aucune étude scientifique n'a pu démontrer un lien direct entre ces symptômes et le glutamate. Certaines personnes présentent une sensibilité au glutamate mais dans la grande majorité des cas, il n'y a aucun lieu de s'inquiéter.

Tous les plats ne sont pas d'égale valeur nutritionnelle. Ces quelques astuces vous aideront à choisir judicieusement.

- ▶ Aux nems et autres mets frits servis en entrée, préférez les salades à base de germes de soja, crabe, crevettes… ou encore une soupe de ravioli aux crevettes. Mais si les nems ont votre faveur en entrée, choisissez plutôt des raviolis chinois à la vapeur en plat principal.
- ▶ Les plats cuits à la vapeur ou sautés sont moins énergétiques que les produits frits. De plus, la vapeur est une méthode de cuisson qui convient aux mets délicats et conservent aux ingrédients tout leur moelleux.
- ▶ Pensez aussi aux brochettes (de poulet, par exemple).
- ▶ Préférez le riz blanc thaï cuit à la vapeur et consommé un peu collant au traditionnel riz cantonnais rissolé.

▶ En dessert, pensez aux ramboutans, lychees, mangue, ananas au sirop en salade de fruits. Quant aux beignets, riches en calories, ils apporteront une note de plaisir bienvenue, si vous n'avez pas pris des nems en entrée.

<u>Quelques conseils...</u>

Suggestion de la diététicienne

- Salade à la chair de crabe
- Canard laqué cantonnais
- Riz nature
- Lychees au sirop

Le thé est la boisson par excellence reconnue pour ses vertus digestives. Réservez l'alcool de riz pour les grandes occasions et dans tous les cas, évitez-le si vous devez prendre le volant ensuite.

 Le soja sous toutes ses formes

Le soja est une légumineuse très riche en protéines végétales mais deux fois moins que la viande.

Le tamari, qui ressemble à la sauce au soja, résulte de la fermentation et du vieillissement d'un mélange de haricots de soja, de farine de blé, d'eau et de sel.

Le miso ou pâté de soja est une sorte de fromage végétal blanc d'aspect mou, composé d'une purée de soja fermenté, de riz ou d'orge et qui s'incorpore dans les sauces et les soupes en petites quantités ou se fait frire.

Le tempeh est un produit fermenté de haricots de soja cuits, ensemencé avec un champignon. Il est utilisé en remplacement de la viande. On le sert découpé en bâtonnet et frit. Il contient beaucoup de vitamine B12.

Le tonyu, plus connu sous le nom de lait de soja (attention, ce n'est pas du lait), est un produit à base de haricots de soja dépelliculés, trempés, broyés, cuit et filtré. Il se consomme en boisson soit nature soit aromatisée. Si l'on ne consomme que du tonyu, on encoure des risques de carence en vitamine B12 et calcium.

Le tofu, ou caillé de soja, est obtenu par coagulation du tonyu avec des sels de calcium et de magnésium. Le produit obtenu est vendu en tranches ou en plaquettes. Il est très riche en fer et protéines. On le trouve principalement en cuisine japonaise.

Le restaurant japonais se classe un peu à part, bien qu'on y retrouve des composantes présentes dans la cuisine asiatique. Vous pourrez y déguster, dans une atmosphère « zen », sushi et sashimi.

Quelques fleurons de la cuisine japonaise
Sushi : bouchée composée de riz refroidi, assaisonné, vinaigré et légèrement sucré, de poisson cru ou mariné, de fruits de mer cuits, de légumes de saison crus ou marinés, d'omelette ou encore de tofu, et entouré d'une feuille d'algue appelée nori
Sashimi : fine tranche de filet de poisson cru, à tremper dans une sauce au soja additionnée d'une pointe de wasabi
Tempura : légumes, poissons, grosses crevettes et viande en beignets
Sukiyaki : plat composé de viandes et de légumes sautés sur plaque chauffante (fondue japonaise) souvent accompagné de riz nature
Yakitori : brochettes cuites sur grill, typiquement servies avec du sel et de la sauce
Wasabi : condiment comparable à la moutarde
Saké : vin de riz à 18-20° d'alcool, qui se boit tiède

En accompagnement de tous ces plats, vous aurez le choix entre nouilles de riz, à base de farine de riz, servies dans les potages et les farces ou sautées en garniture (plus caloriques dans ce cas), et riz rond blanc nature, le plus souvent servi dans des coupelles individuelles. En fait de boisson, thé vert ou saké sont des grands classiques.

<u>Quelques conseils...</u>

Suggestion de la diététicienne

- Assiette de sashimis
- Sukiyaki
- Sorbet à la mangue

Le poisson cru
Les Japonais consomment beaucoup de poisson cru. Sachez qu'il existe un risque de parasitose en consommant du poisson cru si ce dernier est un poisson d'eau douce. Soyez vigilants quant aux conditions d'hygiène et intraitables sur la fraîcheur du poisson servi !

Au restaurant indien

Un repas indien se compose de plusieurs plats servis en même temps et dont on se sert au gré de sa fantaisie. Beaucoup de recettes sont végétariennes. Beaucoup sont à base de légumes secs, appréciables pour leur apport en protéines végétales et de masala, mélange d'épices spécifique à chaque recette. Toutes les saveurs doivent être présentes, c'est pourquoi épices et condiments sont à l'honneur avec le curcuma (ou safran des Indes), le safran, la cardamome, le gingembre, la coriandre, la cannelle, le cumin ou encore le clou de girofle... pour n'en citer que quelques unes.

> **Quelques fleurons de la cuisine indienne**
> **Samossa** : feuilleté garni de viande ou légumes
> **Dhal** : soupe de lentilles
> **Tandoori** : méthode de cuisson traditionnelle qui a donné son nom à un plat de viande frottée d'une multitude d'épices et marinée dans un mélange subtil de yaourt et de citron
> **Biryani** : riz avec ou sans viande
> **Chapati** : galette de pain
> **Gulabjaman** : petits babas parfumés à l'eau de rose
> **Kulfi** : glace aux pistaches
> **Lassi** : boisson à base de yaourt, sucré ou salé

Outre les samossas et les beignets de légumes, couramment proposés en entrée, le plat le plus connu de la cuisine indienne est le tandoori, accompagné de légumes et de riz basmati au parfum délicat. Le poulet est la viande proposée généralement. Le chapati, pain de tous les jours, peut être remplacé par le nan, galette frite. Les « sucreries indiennes » (à base de produits laitiers, de semoule, d'amandes, de beurre clarifié...) ont tendance à être riches et très sucrées. Elles sont rarement consommées à la fin du repas mais sont plutôt servis en en-cas ou en accompagnement du thé.

Curry et carri

Le curry est un plat mijoté, aromatisé avec un mélange d'épices, alors que le carri est l'épice qui sert à la préparation du plat. Quant au masala, c'est un mélange d'épices aromatiques qui peut être agrémenté de piments séchés que nous appelons improprement curry ou carri.

Au restaurant tex-mex

La cuisine tex-mex (« texane et mexicaine ») se caractérise par des plats typés, colorés, piquants, composés de viande hachée, de haricots rouges, de maïs, avocat, sans oublier les tomates, l'ail, les piments ou encore la coriandre fraîche. Le mélange de chaud-froid est aussi caractéristique de cette cuisine. Dépaysement et exotisme sont au rendez-vous avec les burritos, tacos, enchiladas, servis avec du riz ou des haricots (parfois en purée). La garniture en est très variée : viande, volaille, poisson, haricots, légumes, fromage et sauce...

Taco, enchilada, fajita...

Tous ont comme point de départ la tortilla, galette fine à base de maïs et servie chaude. Il existe aussi des tortillas de blé, fines crêpes à base de farine de blé et de saindoux, utilisées dans la préparation des quesadillas ou burritos.

Au Mexique, un taco est une tortilla chaude avec viande grillée, viande de porc frite, poulet ou porc mariné au rocou. Aux États-Unis, c'est une tortilla frite et croustillante, pliée en forme de U, farci le plus souvent avec de la viande de bœuf hachée cuisinée avec un peu de piment et de cumin, accompagnée de salade émincée, de tomates et de fromage râpé. Les sauces à tacos sont composées essentiellement de tomates et de piments, d'ail et oignons.

Si le taco est frit puis coupé en triangles, on parle de tortillas chips. Si le taco est frit, on parle d'enchilada (garnie de piments, d'amandes, d'épices...) et trempée dans une sauce aux tomates.

La fajita est une tortilla non frite, garnie et roulée. Le burrito est une fajita nappée de sauce avant d'être mise au four. Dans le cas des fajita et burrito, la farce est de la viande maigre ou de la volaille grillée ou encore des crevettes avec des haricots, du riz, de la salsa (c'est donc un bon choix de plat équilibré !).

La tortilla de maïs frite et coupée en petites portions est appelée nachos ou fritos.

Les quesadillas sont des tortillas de blé ou de maïs garnies d'un fromage doux et très fondant rappelant la mozzarella, de piments, de champignons et de pommes de terre.
Le guacamole est une purée d'avocat épicée.
La tequila, boisson alcoolisée à base d'agave. Évitez d'en consommer si vous devez prendre le volant le même jour !

Vous pouvez terminer votre repas par un café mexicain réputé pour être très fort. Il est servi avec de la cannelle.

Quelques conseils…

Suggestion de la diététicienne

- Chili con carne
- Riz nature
- Sorbet au citron vert arrosé de Téquila

Notez également l'absence des produits laitiers !

Au restaurant oriental

Couscous, tajine, pastilla, harira, méchoui… sont les plats les plus connus de la cuisine orientale. Si elle est réputée à juste titre pour la richesse de ses saveurs et de ses parfums, elle est aussi très énergétique. En outre, elle se caractérise aussi par l'absence de lait et des produits laitiers. Il faudra donc en tenir compte aux autres repas.

Quelques fleurons de la cuisine orientale
Bricks : feuilles ultrafines de semoule de blé croustillantes et farcies de garnitures diverses passées à la friture
Harira : soupe épaisse à base de viande et de pois chiches
Chorba : soupe à base de légumes, de coriandre de safran et d'agneau
Pastilla : sorte de feuilleté sucré-salé parfumé à la cannelle, à base de pigeon, persil, coriandre, œufs durs, amandes…
Couscous : plat de semoule de blé, accompagné de légumes ou de viande. Le nom désigne à la fois le plat et la graine.
Mechoui : agneau ou mouton entier, rôti

Tajine : plat en terre revêtu d'un couvercle conique dans lequel mijotent viandes et légumes et qui donne son nom au met ainsi préparé.
Loukoums : confiseries à base de sucre et de fécule, saupoudrées de sucre glace et parfumées à l'eau de rose. Ils peuvent aussi contenir des morceaux d'amande ou de pistache.

Traditionnellement, le repas commence avec des entrées de tomates ou poivrons cuits, une purée de légumes, des bricks, les carottes râpées imbibées de jus d'orange, une soupe... En plat, couscous et tajine se disputent la première place. Les pâtisseries, mélanges raffinés d'amandes, de miel de cannelle, d'eau de fleur d'oranger ou de rose (cornes de gazelles...), sont réputées pour leur apport énergétique... Elles terminent le repas, accompagnées du traditionnel thé à la menthe aux vertus digestives.

Quelques conseils...

Suggestion de la diététicienne

- Couscous et brochettes d'agneau
- Salade d'oranges à la cannelle
- Thé à la menthe

Notez que le couscous représente une bonne supplémentation de par la présence de semoule, de légumes cuits et de viande.

Au restaurant antillais

La cuisine antillaise est une cuisine simple tournant autour de grillades épicées, de produits de la mer, de colombo (mélange d'épices)... Le point commun à leurs préparations est la marinade qui permet de relever le goût des aliments de base.

Quelques fleurons de la cuisine antillaise
Calalou : potage aux herbes et au lard
Acras de morue : petits beignets à base de morue, servis chauds
Féroce d'avocat : plat à base d'avocat, piment, manioc et de morue

Belele : plat à base de tripes, petites boulettes de farine et bananes vertes
Boudin antillais : boudin noir très épicé
Ti-punch : punch préparé à partir de fruits macérés dans du rhum et du sucre ou sirop de canne

Acras de morue, boudin, le ti-punch accompagné de gingembre et papaye séchés sont les classiques. Côté dessert, les fruits sont prodigieux de parfums et de goût : ananas, banane et noix de coco se disputent la vedette. Ils peuvent être accommodés en pâtisserie, tels que le gâteau coco ou la tarte à la banane. Le kiwi et l'acérola apportent vitamines, minéraux, oligo-éléments, anti-oxydants.

Quelques conseils...

Suggestion de la diététicienne

- Petits boudins antillais
- Fricassée de chatrous (poulpes)
- Riz créole
- Ananas frais

Cette cuisine relativement diversifiée offre un certain équilibre. Mais le calcium fait partie des grands absents. Pensez à combler cette lacune aux autres repas.

La restauration rapide

La restauration rapide fait partie aujourd'hui de nos habitudes de citadins modernes. Avec l'amenuisement du temps de repas, nous avons tendance à déjeuner de plus en plus rapidement, au détriment de l'enchaînement entrée - plat - dessert. Comment concilier rapidité, efficacité et équilibre ?

La ronde des sandwiches

Que l'on soit pressé, adepte de shopping ou de sport, le sandwich se trouve partout, permet de ne pas perdre de temps et évite de sauter un repas. De plus en plus de boulangeries ou sandwicheries proposent en outre un lieu pour se poser et consommer sur place, rapidement, les produits achetés. Aujourd'hui, le choix ne se limite plus au classique « jambon beurre », avec ou sans gruyère... Mais, attention, tous les sandwiches ne se valent pas !

> **Quiz sandwiches**
>
> Quel est le sandwich le plus riche en calories ? Classez-les du plus riche au moins riche.
> a) sandwich au gruyère
> b) sandwich au pain de mie + gruyère + jambon
> c) sandwich au saucisson
> d) pan bagnat
>
> Réponses en page 186

Pour commencer, le choix du pain, qu'il soit d'origine artisanale, livré par un artisan-boulanger (indépendant), ou d'origine industrielle, livré cru ou précuit surgelé (chaînes), est déjà toute une affaire ! Il existe en effet de nombreuses alternatives à la traditionnelle baguette (qui n'est pas un mauvais choix dans la mesure où elle garantit un apport correct en fibres, ainsi qu'en minéraux et vitamines, du groupe B notamment). Le pain Poilâne a la cote avec ses apports en fibres, vitamines et minéraux. Tout comme la baguette, il est préférable au pain de mie, pauvre en vitamines et minéraux, riche en glucides et en lipides (même s'il s'agit de pain de mie complet). Cependant, il peut représenter une autre idée de base de sandwiches pour jouer la carte de la variété. Dans un genre plus cosmopolite, on trouve aussi :

- le pain viennois, comparable au pain de mie à la différence qu'il est enrichi en lait et en extrait de malt ;
- la pita, pain plat turc arrondi, fait à partir de levure et de farine blanche ou de blé entier, servi avec le kebab notamment ;

- le chapati, petit pain traditionnel du monde indien fabriqué sans levain, le plus souvent à base de farine de blé complète ;
- la ciabatta ou chapata, petit pain blanc de forme plate rectangulaire d'origine italienne dont la pâte est parfumée à l'huile d'olive, souvent présenté saupoudré de farine ;
- le pain suédois ou « pain polaire », pain moelleux dont la pâte est cuite, mais non levée, a un goût légèrement sucré, fait à partir d'un mélange de farine de froment et de farine de seigle ;
- le bagel est un petit pain rond moelleux en forme de couronne torsadée d'origine juive. Il se décline dans plusieurs versions : nature, au fromage, au saumon fumé, au sésame, aux oignons, ou encore aux graines de pavot qui lui confèrent un petit goût de noisette…

Quant aux garnitures, elles laissent aussi l'embarras du choix. Mais autant que le plaisir qu'elles procurent, il faut prendre en compte leur « efficacité » : si vous voulez ne pas avoir faim entre le déjeuner et le dîner, il va falloir compléter votre morceau de pain avec des aliments qui vont favoriser une bonne satiété. Les sources de protéines (jambon, œufs durs, thon, poulet) y contribuent mais sachez quand même que les sandwiches du commerce sont plutôt pauvres en garniture de ce type et qu'un complément s'imposera au repas du soir. Dans tous les cas, choisissez plutôt du jambon blanc ou du bacon, moins gras que les rillettes, le saucisson ou le pâté.

Des quatre coins du monde

Le hamburger : cette vedette de la restauration rapide est composée d'un petit pain rond, d'un steak haché, de crudités et de sauce (ketchup, le plus souvent). Il est riche en calories et surtout le steak contient en plus d'un taux de lipides important, un certain nombre de substances comme du soja, des sucres, des émulsifiants…

Le hot dog est un sandwich d'origine allemande composé de pain, d'une saucisse de Francfort (saucisse fumée et cuite à base de bœuf et de porc additionnée d'épices), et de moutarde le plus souvent. Il se décline aujourd'hui à la mayonnaise ou au ketchup… toutes sortes de garnitures qui ne contribuent pas à réduire l'apport énergétique de ce sandwich très riche en calories.

Le döner kebab (ou grillade tournante) est un sandwich chaud à base de pain, garni de salade, de rondelles de tomate et d'oignons, de fines tranches de viande de mouton, de veau ou de poulet le plus souvent ou encore d'un mélange de plusieurs viandes, cuites à la broche des heures durant... Cette viande est goûteuse mais riche en lipides ! Le tout est accompagné de frites et d'une sauce (mayonnaise, ketchup, harissa, sauce blanche), ce qui augmente encore plus la note lipidique (à l'exception du ketchup). Ce type de sandwich peut vous paraître équilibré de par sa composition mais les aliments riches en lipides dominent et les quantités de fibres sont modestes. Le repas suivant sera donc plus riche en légumes et pauvre en matières grasses.

Le sandwich nordique, à base de pain suédois et garni de saumon fumé, de boulettes de bœuf, de renne... peut-être servi frais ou grillé.

Le pan bagnat, célèbre sandwich niçois, composé de pain de campagne rond copieusement imbibé d'huile d'olive avec les ingrédients de la non moins célèbre salade niçoise. Ce classique de la cuisine méditerranéenne est donc très riche en énergie.

Le panino (on parle plus souvent du panini) est un petit pain à l'huile d'olive appelé ciabatta, coupé en long, passé au grill et servi chaud. La garniture peut en être très variée (mozzarella, jambon italien, poulet au curry...).

Le tramezziono est un sandwich italien fait de deux tranches de pain de mie triangulaires avec une garniture de viande, fromage ou crudités. C'est un classique de la restauration rapide italienne.

Le sandwich club, sandwich composé de 2 ou plusieurs tranches de pain de mie emprisonnant divers ingrédients.

Les sandwiches aux crudités font aussi partie de l'offre. C'est une bonne chose. Mais trois rondelles de tomate et une feuille de salade ne remplaceront jamais une portion de légumes ! Le jour où vous prenez un sandwich à midi, pourquoi ne penseriez-vous pas à vous préparer pour le dîner un bon bol de potage ?

Si le fromage entre dans la composition du sandwich, c'est encore mieux pour l'apport en calcium : ce peut être de l'emmental, du gruyère, du parmesan... Vous pouvez aussi compléter votre sandwich avec un produit laitier à boire. Si vous y ajoutez en plus une pomme, votre en-cas sera idéal !

 Avec ou sans beurre ?

Si le sempiternel sandwich saucisson beurre vous fait fondre de plaisir, ne culpabilisez pas. Mais mangez plus sainement aux repas suivants. Si vous en avez la possibilité, vous pouvez aussi retirer le beurre ou demandez à ce que votre sandwich soit préparé sans beurre.

Vous pouvez aussi préparer vos sandwiches à la maison. C'est le meilleur moyen de manger ce dont vous avez envie, tout en étant assuré de la fraîcheur et de la qualité des produits utilisés ! Pour apporter touches de saveur et notes de couleur dans vos sandwiches, pensez aux légumes et aux herbes aromatiques. Ils sont nombreux à pouvoir faire merveille : champignons de Paris, courgettes, aubergines, poivrons, cœurs d'artichauts, rondelles de tomates, petits oignons, asperges, échalotes... Utilisez des produits préparés avec un minimum de matières grasses, mais suffisamment cependant pour que votre sandwich ait du goût. Vous pouvez remplacer la mayonnaise ou le beurre par des préparations moins riches en lipides comme le fromage blanc additionné d'herbes. Vous pouvez aussi remplacer la sauce, par des cornichons ou de la moutarde pour relever le goût de vos garnitures.

Quelques conseils...

Quelques idées de sandwiches froids à préparer chez soi

- Thon ou maquereau en conserve assaisonné + fromage frais pour remplacer mayonnaise ou beurre + herbes ou zeste de citron + baguette
- Préparation mixée à base de concombre et fromage blanc (de 0 à 40 %, en fonction de vos goûts et/ou de la surveillance que vous exercez sur les calories) + 2 grandes tranches de pain de mie complet
- Tranches de rôti de dinde + tranchette de fromage + cornichons coupés en lamelles, salade verte et baguette moutardée
- Baguette + Rocamadour + magret de canard fumé + quelques feuilles de salade Trévise et laitue... à passer quelques minutes au four. Ajoutez un filet d'huile de noix éventuellement.
- Œuf mimosa parfumé à l'aneth et au jus de citron + deux tranches de pain polaire
- Sandwich méditerranéen : baguette + oignons + tomates + ail + blanc de poulet + copeaux de parmesan + huile d'olive + origan ou persil

Astuce : Ajoutez les herbes aromatiques fraîches au dernier moment pour conserver leur aspect et leurs atouts nutritionnels.

Vous aussi, vous regorgez certainement d'idées pour la composition de sandwiches originaux et savoureux... Les recettes peuvent se décliner à l'infini. Vous pouvez tout simplement partir d'une base traditionnelle puis ajouter à l'envie, en fonction de votre imagination... et des ressources de vos placards et réfrigérateurs !

Retenons l'essentiel

Quelque soit votre sandwich, ayez le réflexe de le compléter par un laitage et un fruit frais (ou à défaut un jus de fruits frais ou de légumes) juste après ce dernier ou à défaut en guise de collation dans l'après-midi. N'oubliez pas de boire de l'eau ! Le soir venu, composez votre dîner de crudités, d'une portion de viande ou poisson, un plat de légumes verts cuits et des féculents, d'un produit laitier et d'un fruit.

■ D'autres modes de restauration rapide

Pour un repas sur le pouce qui change du sandwich, l'offre est large. Dans les boulangeries, d'abord : croissant au jambon, croque-monsieur, feuilletés de toutes sortes, pizza, quiche... Une consommation journalière de ce type de produits garantit cependant un apport important en lipides. Mieux vaut faire de leur consommation une pratique occasionnelle.

Quiz boulangerie

Quel est le produit de boulangerie le plus riche en calories ?
Classez-les du plus riche au moins riche.
a) un croissant au jambon
b) une pizza
c) une quiche lorraine

Réponses en page 186

Le café du coin représente aussi une bonne alternative. C'est un endroit convivial où l'on peut faire un repas complet, servi rapidement. Croque-monsieur et croque-madame en sont les vedettes. Rappelons que le croque-monsieur est un sandwich composé de pain de mie, gruyère et jambon. Dans sa version féminine, on y ajoute un œuf à cheval. Au café, on les trouvera rarement non gratinés, ce qui augmente leur teneur lipidique, ou encore garni d'une sauce Béchamel additionnée de gruyère (sauce Mornay) avant passage sous salamandre. Si vous l'accompagnez d'une salade, n'oubliez pas de demander la vinaigrette à part pour contrôler l'ajout de lipides. Étant donné l'absence totale de légumes cuits, un potage sera bienvenu au repas suivant. Si vous avez très faim, prenez une formule qui comprend aussi une salade composée et un dessert.

Quiz café

Quel est le produit le plus riche en calories ? Classez-les du plus riche au moins riche.
a) un croque-monsieur
b) un hot-dog
c) une omelette au jambon

Réponses en page 187

Quelques conseils...

Suggestion de la diététicienne

- Laitue à la vinaigrette
- Croque-monsieur
- Crème renversée au caramel

À côté des boulangeries et cafés « bien de chez nous », il existe toute une série de lieux de restauration rapides, largement inspirés des habitudes anglo-saxonnes. Du « café bar » le plus tendance, proposant sandwiches, chips, cookies ou muffins ainsi qu'un large choix de boissons chaudes ou froides en divers formats dérivés de l'expresso, aux grandes enseignes de fast-food, tous offrent, à toute heure du jour, le choix entre la formule « à emporter » ou la consommation sur place, dans des espaces plus ou moins conviviaux. Le service, ou tout du moins la commande, se fait au comptoir et la nappe a fait place aux sets jetables. Les grandes enseignes de fast-food en sont l'exemple le plus net : rapidité du service, standardisation des produits, souplesse des formules (le drive-in permet même de consommer sans avoir à sortir de la voiture !) ont su conquérir jeunes et moins jeunes. Les enfants notamment sont un des cœurs de cible : l'aspect ludique, notamment le fait de manger avec les doigts donc sans contrainte, est mis en avant. Parallèlement, on rassure les parents en proposant à leurs chers bambins des menus dits équilibrés avec laitage et compote, mais les paniers repas proposés sont quand même globalement riches en graisses et/ou sucres.

Quiz hamburger

Quel est le hamburger le plus riche en calories ?
Classez-les du plus riche au moins riche.
a) un hamburger simple
b) un cheeseburger
c) un Big Mac

Réponses en page 187

Le problème que tous ces fast-foods posent est principalement leur fréquentation régulière. Si vous y allez une fois par mois, ce n'est pas préjudiciable mais si vous y allez plusieurs fois par semaine, votre santé pourrait en pâtir. En effet, les produits proposés sont généralement riches en acides gras saturés et pauvres en fibres, vitamines et minéraux. Il faut donc prêter une attention particulière à l'équilibre des repas suivants.

Quelques conseils...

Menu à éviter

- Un double hamburger avec une grande portion de frite + sauce
- Un soda type boisson au cola (grand format)
- Une crème glacée

Il faut cependant nuancer. Une amélioration est sensible depuis quelques années. La gamme des produits proposés a été considérablement élargie, ce qui permet de composer un repas à peu près bien composé. La teneur en lipides de la plupart des produits reste quand même importante. Ce sont essentiellement des graisses d'origine animale (steak haché, produits laitiers, graisse de bœuf pour la confection des frites) même si on tend à une amélioration qualitative des corps gras utilisés. Il incombe donc au consommateur averti que vous êtes de faire le bon choix.

Quelques conseils...

Suggestion de la diététicienne

- Une salade composée + sauce de salade (allégée si vous le souhaitez)
- Un hamburger ou cheeseburger (les plus simples possibles)
- Une salade de fruits frais

Préférez de l'eau ou du jus d'orange ou boisson light aux sodas ou milkshake qui regorgent de sucre. Si vos papilles sont en émoi devant les frites, optez plutôt pour la petite portion.

■ Pendant vos déplacements

Que pouvez-vous manger, lorsque vous êtes en déplacement au moment du déjeuner ? Dans tous les cas, essayez de faire une vraie pause.

Dans le train, vous avez le choix entre sandwich, plateau repas ou formules plus élaborées du wagon-restaurant. Vous avez donc la possibilité de vous restaurer correctement.

Dans les avions, un plateau-repas préparé à l'avance vous sera servi au cours du vol. Vous n'avez bien évidemment pas le choix des préparations. Ceci dit, dans l'ensemble, ils sont composés d'une prestation simple à base d'une entrée, d'un plat, d'un fromage portion ou laitage et d'un dessert. Ces menus sont globalement corrects quant à leur composition, à défaut de l'être sur le plan de la qualité, même si des efforts sont faits en la matière. Veillez simplement à rééquilibrer votre alimentation avec les repas suivants.

Si vous devez vous déplacer **à pied ou en transport en commun** dans les rues de votre ville, le plus pratique est le sandwich, largement décrit précédemment.

Si vous êtes **en voiture**, sachez qu'il n'est absolument pas prudent de manger au volant. Arrêtez-vous au moins sur une aire de repos. L'idéal est d'avoir pu préparer un panier-repas le matin avant de partir (salade composée, laitage, fruit et eau), conservé en glacière. Si vous vous arrêtez dans un restaurant d'autoroute, vous aurez le choix entre la distribution automatique et la restauration attablée mais simplifiée (linéaire ou buffet). Veillez à consommer plutôt un repas à table, aux apports nutritionnels suffisants, qu'un sandwich pris sur le pouce. Le repas consommé sera aussi digeste que possible : un repas trop riche peut avoir des répercussions aussi graves sur la vigilance qu'un « repas bien arrosé ». N'oubliez pas que la sécurité, la vôtre et celle des autres, est en jeu : roulez léger ! Sachez d'ailleurs qu'aujourd'hui, on trouve dans les boutiques des aires d'autoroutes des produits répondant aux souhaits du PNNS (Programme National Nutrition Santé), à savoir davantage de fruits, légumes, produits laitiers. Au niveau des selfs, beaucoup d'efforts ont été faits. Il vous est tout à fait possible de composer votre plateau avec des produits variés pour un repas « équilibré », moins riche en lipides.

Dans les gares ou au bureau, **les distributeurs automatiques** peuvent apporter un appoint intéressant. Il y a quelques années encore, la distribution automatique était centrée sur les boissons chaudes, puis les produits sucrés (barres chocolatées...). Aujourd'hui, l'offre proposée est très étendue et disponible 24 heures sur 24. L'offre se répartit entre produits frais (sandwiches à base de pain de mie anglais ou viennois le plus souvent, salades, plats préparés) et boissons. Les eaux aromatisées font depuis peu une entrée en force.

La multiplication des distributeurs automatiques dans les hôpitaux, les centres commerciaux ou même dans la rue est une bonne chose, dans la mesure où elle permet aux personnes qui ont des horaires décalées ou de nombreux déplacements de se restaurer rapidement. Il ne faut cependant pas négliger non plus la tentation qu'ils représentent : il est souvent plus facile de se contenter de confiseries plutôt que de vrais repas. Il faut donc les considérer uniquement comme une solution de dépannage et non comme une solution systématique...

■ Au bureau, pensez au panier-repas !

Quel que soit le lieu de travail, la pression de se contenter d'un déjeuner rapide sur un coin de table est grande, que ce soit en raison de l'urgence d'un travail à terminer, de la volonté d'économiser son temps libre ou encore d'un effet de mode. On régule ainsi la charge de travail en l'étalant sur le temps du déjeuner. Comment faire pour conserver des horaires de vrais repas ?

Il existe toutes sortes de possibilités : vous pouvez apporter un repas préparé à la maison ou aller l'acheter à proximité de votre lieu de travail, vous pouvez aussi sacrifier à l'habitude en vogue : la livraison des plateaux par les traiteurs.

 Les plateaux-repas des traiteurs

> Le plateau-repas est aussi une façon de « snacker » pratique, qui va du simple plateau-repas au repas gastronomique. Prêt à l'emploi, livré rapidement par un traiteur (sur un simple coup de fil) dans une housse isotherme. Cependant, des progrès restent à faire en matière de saveurs et de qualité nutritionnelle.

Si vous avez la possibilité de vous apporter votre repas de la maison, vous y gagnerez certainement en temps mais surtout sur le plan nutritionnel. En effet, votre panier-repas sera composé avec des produits que vous aimez, agrémentés comme vous aimez. De plus, c'est une solution avantageuse sur le plan économique.

Comment composer ce panier-repas ? Pour commencer, il convient de disposer d'un contenant réfrigérant, garant de la sécurité alimentaire.

En ce qui concerne sa composition, il comptera idéalement une salade composée contenant des légumes crus et cuits, un produit céréalier, une source de protéines animales. Vous pouvez y ajouter un fromage (sauf si celui-ci entre dans la composition de la salade) ou laitage, un fruit frais, du pain et de l'eau. Comme pour les sandwiches, n'hésitez pas à jouer avec les couleurs et les textures pour vous mettre en appétit. Bien entendu, vous pouvez aussi apporter un sandwich préparé par vos soins !

Enfin, si vous souhaitez éviter de vous retrouver devant le distributeur automatique dans la journée, ajoutez à votre repas une collation bien pensée ; cela vous évitera de craquer pour des confiseries. Cette collation peut être, par exemple :

- un fruit frais ou une compote individuelle ou à boire ;
- un fromage emballé ;
- un yaourt ;
- une part de gâteau au yaourt, des madeleines ou encore une part de far aux pruneaux, préparés à la maison afin de limiter les produits non désirables.

Pensez aux petites coupelles individuelles de lait concentré non sucré ou des sachets doses de lait en poudre (écrémé ou demi-écrémé) pour enrichir votre repas en calcium : faible volume à transporter et utilisation pratique.

Chapitre 7

Végétarisme, végétalisme, macrobiotisme…

Nous l'avons vu, manger équilibré, c'est avoir une alimentation diversifiée, puisant dans les différents groupes d'aliments pour couvrir tous les besoins nutritionnels de l'organisme. Or, certaines personnes font le choix, par conviction ou par goût, de s'abstenir de certains aliments. Ces régimes, de tradition bien souvent fort anciennes, doivent impliquer une vigilance accrue dans l'alimentation : pour éviter des carences dangereuses, il faut compenser l'absence de certains produits en consommant davantage d'autres aliments. Végétariens, végétaliens, disciples de la macrobiotique et partisans du crudivorisme trouveront dans ce chapitre des conseils pour garder une alimentation la plus équilibrée possible.

Rappelons cependant que tous ces régimes ne se valent pas : tandis qu'un végétarien peut assez facilement trouver des substituts à la viande et aux œufs, celui qui s'astreint au crudivorisme risque bien souvent sa santé.

Êtes-vous végétarien ?

Le végétarisme se définit comme un mode de consommation alimentaire basé sur les végétaux en grande quantités (fruits et légumes) et céréales. Certains végétariens consomment des produits laitiers et des œufs, mais tous rejettent la viande, qu'elle soit rouge ou blanche.

Les raisons qui conduisent au végétarisme sont très diverses. Il peut s'agir de considérations concernant la santé, de scandales alimentaires, de motivation spirituelle, du souci de respecter les animaux, ou encore de raisons économiques...

■ Il existe différentes sortes de végétarismes

Sachez que le végétarisme revêt plusieurs formes, dont les implications sur le plan nutritionnel sont très différentes les unes des autres. Parmi les différentes variantes, voici les plus courantes :

- ▶ Le lacto-végétarien consomme des végétaux ainsi que du lait et des produits laitiers. Il a donc un apport en calcium, vitamine D, mais risque d'avoir d'insuffisants apports en fer (anémie) et en vitamine B12.

- ▶ L'ovo-végétarien ne consomme aucun produit d'origine animale (ni lait ni produit laitier), hormis les œufs. Les carences en calcium sont très probables d'autant plus que les céréales complètes consommées entravent l'absorption du calcium (et d'autres minéraux) en raison de la présence d'acide phytique.

- ▶ L'ovo-lacto-végétarien consomme des végétaux, du lait et des produits laitiers, des œufs. Il ne mange cependant ni viande, ni poisson, ni volaille. C'est un choix judicieux car l'œuf est une source de protéine, ce qui minimise le risque de carence. En complément des œufs, la consommation de tofu, de légumineuses et de noix limite les carences nutritionnelles.

- ▶ Le pesco-végétarien ne mange pas de viande mais consomme du poisson au moins une fois par semaine.

- ▶ Le semi-végétarien est encore moins restrictif, car il ajoute aux aliments précédents (lait, produits laitiers et oeufs) de la volaille et des poissons d'élevage une fois par semaine.

Dans les deux derniers cas, la consommation de poisson est un avantage certain dans la mesure où elle permet l'apport d'acides gras essentiels, au rôle très important.

■ Quelques recommandations

Un régime végétarien correctement conduit n'est pas incompatible avec une alimentation équilibrée, à condition toutefois de varier suffisamment les aliments et surtout de bien connaître les notions alimentaires de base, exposées dans la première partie de ce livre.

Dans tous les cas, demandez l'avis de votre médecin avant de vous lancer tête baissée dans un régime végétarien sans connaissances nutritionnelles suffisantes ; lui seul saura vous conseiller un complément alimentaire adapté.

 Atouts et points sensibles du végétarisme
Si elle est correctement équilibrée, cette alimentation permet de réduire la consommation d'aliments riches en acides gras saturés et de consommer des fibres. Ceci représente un atout indéniable sur le plan santé. Néanmoins, pour assurer un apport protéique satisfaisant tant sur le plan quantitatif que qualitatif, il est important que le végétarien accorde une place de choix aux produits laitiers et aux œufs dans son alimentation.

Voici quelques conseils pour équilibrer au mieux les apports nutritionnels si vous (ou un membre de votre famille) est végétarien :

- Choisissez bien les sources de protéines en veillant à apporter des acides aminés indispensables.
- Veillez à bien couvrir vos besoins en calcium, fer et zinc.
- Pensez à utiliser des paillettes de germe de blé pour leur apport en protéines végétales et vitamine B.
- Ne négligez pas le soja et les préparations à base de soja, étant donné leur apport en vitamine B12.

 La complémentation
Une bonne complémentation est indispensable pour ceux qui ne consomment ni viande ni poisson ni œufs ou abats. Elle permet de lutter contre les carences en acides aminés indispensables.
La complémentation consiste à associer les céréales et produits céréaliers, déficitaires en lysine (acide aminé indispensable), à des légumes secs qui, eux, sont riches en méthionine (autre acide aminé indispensable). Il en résulte une alliance intéressante sur le plan nutritionnel.
En voici deux exemples : semoule + pois chiche (couscous)/riz + haricots rouges.

Il existe d'autres complémentations intéressantes, comme celles qui allient lait (ou produits laitiers) et céréales (ou produits céréaliers), comme dans les cas de la semoule au lait ou du riz au lait.

L'exigence de variété se pose avec plus d'acuité dans le cas des végétariens, puisque l'on jongle avec moins d'aliments. Pour vous aider à composer des menus équilibrés, voici quelques suggestions. Elles vous seront aussi utiles, si vous recevez à dîner des amis végétariens !

Quelques conseils…

Idées de menus végétariens

- Croustillant de chèvre frais au miel et au basilic
- Cannelloni à la ricotta et aux épinards
- Salade de fruits frais au gingembre

- Taboulé aux légumes
- Omelette à la provençale
- Feuilles de chêne rouges en salade
- Brousse

- Petit flan aux courgettes
- Gratin de tomates/pommes de terre/mozzarella
- Cœurs de laitue et roquette vinaigrette
- Financier

Sans oublier le pain ni l'eau !

Si vous êtes végétalien

Le végétalisme est un régime dont les adeptes, végétariens stricts (ou « végans »), ne consomme que des fruits (qu'ils soient frais, secs ou oléagineux) et légumes, des légumineuses (soja sous forme de tofu ou fromage de soja), des céréales (blé sous toutes ses formes) et des produits céréaliers. Il ne consomme aucun produit d'origine animale (souvent pour dénoncer l'exploitation des animaux d'élevage). Il s'interdit donc aussi le miel, les produits préparés industriellement, les cosmétiques contenant des produits animaux ou ayant été testés sur les animaux, les produits d'entretien (comme la cire d'abeille), les vêtements à base de laine, de soie, de cuir, ou de fourrure... Cette position implique un mode de vie très strict.

Le végétalien doit connaître l'origine de tous les additifs employés en agro-alimentaire (gélifiants, conservateurs...) car beaucoup renferment des produits animaux ou d'origine animale. Prenons le cas de la caséine, du collagène, de la gelée royale, du lactose ou encore de la gélatine, très présente dans nos crèmes dessert, certains yaourts, sorbets et glaces, et qui se révèle être un mélange de tendons et d'os broyés... Mais il doit aussi avoir de solides connaissances nutritionnelles pour anticiper au mieux les manques auxquels il s'expose. Il est vrai que les végétaux fournissent des fibres, des anti-oxydants, des vitamines, minéraux qui sont bénéfiques pour la santé. Mais, sans une bonne connaissance des aliments, le végétalien risque de graves carences en protéines, surtout en acides aminés, en vitamine B12, en fer et calcium.

 ### Les dangers du végétalisme

Soyons clairs : ce type d'alimentation est difficilement compatible avec une alimentation équilibrée. On peut même avancer qu'à long terme, le suivi de ce régime est dangereux pour la santé, notamment pour les enfants. Précisons que la suppression de la viande chez les femmes enceintes et les personnes âgées est fortement déconseillée.

Le végétalien doit porter attention aux acides aminés essentiels, au fer, au calcium, à la vitamine D (pour cela, il doit boire au moins 500 ml de boisson de soja enrichie pour couvrir ses besoins journaliers), la vitamine B2 et B12, aux acides gras oméga 3 et au zinc.

Si vous êtes végétalien, ou qu'un membre de votre famille a choisi ce type d'alimentation, inspirez-vous des astuces suivantes :

- Insistez sur la consommation de produits riches en protéines végétales comme le soja.

- Étant donné que vous ne consommez pas de lait ou de produits laitiers, sachez qu'il existe dans le commerce des produits enrichis en calcaire d'algues, source de calcium, ou des boissons tout simplement enrichies en calcium (boissons à base de soja), ou encore les boissons riches en calcium (Courmayeur).
- Optez également pour les légumes riches en calcium comme le chou de Chine, le chou vert frisé, le brocoli ou l'algue aziki.
- Pensez aux fruits oléagineux comme l'amande, très riche en calcium.
- Veillez à bien répartir ces sources de calcium sur la journée.
- Dans tous les cas, un supplément médicamenteux en vitamine B12 et D, calcium et fer s'impose. Demandez conseil à votre médecin.

Pour les adeptes de la macrobiotique

Qu'est-ce que la macrobiotique ? La macrobiotique est plus un art de vivre qu'un mode alimentaire. Elle est traditionnellement pratiquée par les japonais et s'articule autour d'une classification des aliments en deux polarités complémentaires : le frais/froid et le tiède/chaud. Elle s'intéresse en fait aux effets que la température des aliments produit sur notre corps. Les aliments tièdes et chauds appartiennent aux éléments Yang et, à l'inverse, les aliments frais ou froids appartiennent aux éléments Yin. Tout tourne autour de la recherche d'un équilibre entre les aliments Yin et les aliments Yang.

Les aliments Yin correspondent aux produits raffinés, sucre, certains végétaux (comme l'aubergine), la pomme de terre, la viande de porc... et sont considérés comme nocifs. Les aliments Yang, quant à eux, correspondent aux céréales complètes, légumineuses, certains végétaux (poire, pomme, ail, oignon...), viande de mouton et de bœuf, poulet. Certains aliments sont considérés comme « idéaux » car ils se situent à mi-chemin entre les deux principes : c'est le cas du riz, considéré comme le fondement de l'idéal macrobiotique.

Les macrobiotes ne consomment ni animaux, ni produits d'origine animale. En revanche, ils consomment les produits issus de la terre et de la mer, des soupes et des produits lacto-fermentés. Les fruits et légumes consommés ne sont pas des fruits et légumes de saison. En revanche, la consommation des algues est recommandée car elles sont supposées « suppléer les carences en vitamines B12 » liées à l'absence de viande. Des principes stricts de cuisson (la friture est largement utilisée), et une mastication intense sont à la base du régime macrobiotique. Les aliments doivent être mastiqués longuement. Les boissons sont limitées dangereusement !

L'adoption du régime macrobiotique se fait par paliers successifs, associés à une recherche d'identité physique et spirituelle. On commence par éliminer les produits animaux, puis les légumes, puis les fruits, pour aboutir à une alimentation exclusivement composée de céréales et de légumes. Le dernier palier consiste à ne consommer que du riz brun. Les fruits consommés ne doivent provenir que de la zone climatique dans laquelle vit le macrobiote, mais ils ne correspondent pas forcément à la saison en cours.

La méthode macrobiotique n'a que peu de fondement scientifique. C'est un régime dangereux. Même s'il peut jouer un rôle bénéfique dans la réduction de maladies cardio-vasculaires et « protège » de la constipation... il n'en expose pas moins à des carences graves. L'alimentation macrobiotique présente un excès de céréales (qui entraîne un risque d'affaiblissement du tonus musculaire), une insuffisance de crudités et une teneur en sel parfois élevée. La macrobiotique expose celui qui l'applique à des déficits potentiellement sévères en protéines (tant sur le plan quantitatif que qualitatif), en vitamines B12 (sa carence est fréquente en raison de l'absence de viande est fréquente et nécessite une supplémentation), A, C, ß carotène, calcium, fer, iode...

 Le régime Zen

C'est un régime macrobiote très répandu aux États-Unis : très axé sur la spiritualité, il se compose exclusivement de céréales complètes. Il est très pauvre en protéines, en vitamines et minéraux. C'est un régime très déséquilibré et il serait dangereux de croire que ce type de régime est le fleuron des régimes hypoénergétiques.

Qu'est-ce que le crudivorisme ?

Le crudivorisme consiste à ne « consommer » que des aliments sous leur forme originelle jusqu'à plus faim : fruits et légumes crus, fruits oléagineux, céréales, produits laitiers, œufs crus. Le crudivoriste rejette toute forme de cuisson (sauf pour le pain et les biscuits) car les molécules induites par cette dernière seraient à l'origine d'un certain nombre de pathologies... tandis que les aliments crus augmenteraient la longévité de l'individu ! Les risques de colites et ténia sont cependant élevés ! À long terme, ce régime s'il est mal conduit risque d'entraîner de graves troubles de santé car carencé tant sur le plan qualitatif que quantitatif. Orientez-vous si possible vers un autre mode de bien-être, garant d'une meilleure santé.

Chapitre 8

Comment pallier une alimentation déstructurée ?

Comme nous l'avons souvent répété au cours de cet ouvrage, l'alimentation touche à beaucoup de choses : santé, plaisir, esthétique, sociabilité, relations aux autres et à soi-même... Mais surtout l'alimentation est le premier point qui souffre lorsque la vie s'emballe, lorsqu'on n'a plus le temps de s'organiser et de se poser, ou qu'on perd l'envie de prendre tout cela au sérieux. Il n'est pas question ici d'ausculter des troubles, de faire culpabiliser ou de donner des solutions miracles, mais simplement de vous aider à repérer là où le bât blesse et de donner quelques conseils et astuces pour rectifier les choses en douceur.

Le « snacking »

La mode du snacking, incitation à la déstructuration des repas, venue des États-Unis, s'est rapidement imposée comme une habitude. C'est même devenu un véritable fléau !

Il faut cependant nuancer ce propos et distinguer deux types de « snacking » : d'un côté, il y a l'habitude de se nourrir de produits tout prêts, utilisés comme des substituts de repas, qu'on avale à la va-vite, sur un coin de table ou en faisant du lèche-vitrine... aux horaires qui nous arrangent ! Ce n'est finalement rien d'autre qu'une manière de s'alimenter en fonction de sa vie professionnelle et sociale. D'un autre côté, il y a le grignotage à longueur de temps, pour passer le temps, remplir un vide ou évacuer le stress... Ce deuxième type de snacking sera traité dans la partie suivante intitulée « le cercle vicieux du grignotage ».

■ Êtes-vous concerné ?

Pour savoir, si vous êtes concerné par le « snacking » en général, regardez si vous avez consommé au cours des jours passés (en dehors des repas ou comme repas) plusieurs des produits suivants, « snacking » typiques :

- produits salés comme toutes formes de chips, des graines salées (cacahuètes, pistaches, noix de cajou...) ;
- produits sucrés, barres de céréales ou chocolatées, biscuits ensachés, viennoiseries individuelles ;
- produits laitiers tels que fromages individuels ensachés, laitages à boire natures sucrés ou aromatisés ;
- boissons sucrées ;
- sandwiches, pizzas, hamburgers ;
- crêpes (au froment, sarrasin ou complètes) en barquettes à passer au four à micro-ondes ;
- jambon blanc sous emballage individuel ;
- salades composées prêtes à l'emploi avec couverts et sauce incorporés ;
- plateaux repas achetés en grandes ou moyennes surfaces, ou livrés...

Cette liste d'exemples est non exhaustive, mais elle vous donnera une idée de ce qui relève du « snacking » !

De manière générale, le snacking est généralement très prisé chez les enfants, les adolescents et la population active (particulièrement les femmes). Il est en revanche moins fréquent chez les personnes âgées.

Le « snacking » est caractérisé par un certain type d'aliments. Il s'agit généralement d'aliments *palatables*, c'est-à-dire agréables et savoureux, le plus souvent sucrés et/ou riches en lipides, des produits faciles à consommer (ensachés individuellement et/ou en version miniature), à emporter partout (autrement dit un « produit nomade ») sur son lieu de travail, au sport, dans les transports, dans la rue. Ils sont souvent présentés comme un moyen de lutter contre la fatigue, d'évacuer le stress, ou encore associés à des représentations hédoniques... Il n'y a qu'à songer aux publicités qui leur sont consacrées ! Les industriels se sont naturellement rués sur cette tendance. Ils se sont adaptés aux nouvelles exigences des consommateurs : toujours plus de produits, toujours plus sophistiqués et plus novateurs les uns que les autres... L'imagination ne manque pas ! Remarquez que ces produits sont souvent « mini » en taille mais « maxi » en prix.

■ Comment pallier cette habitude ?

En premier lieu, il convient de préciser que le « snacking » n'est pas forcément mauvais pour l'équilibre alimentaire : tout dépend de la fréquence de cette habitude et des produits consommés. Nous vous proposons donc de repérer les circonstances dans lesquelles vous vous tournez vers ce genre de produits, afin de rectifier d'éventuelles erreurs ou, tout du moins, de les limiter. Avec un peu d'organisation et de discipline, vous pouvez faire du « snacking » un atout pour votre équilibre alimentaire !

Snackez intelligemment !

Si le « snacking » est un petit plaisir occasionnel ou si vous pensez à l'équilibre même de votre « snack », cette habitude ne déroge pas à une alimentation équilibrée. En revanche, s'il y a une déstructuration complète des prises alimentaires, s'il s'agit de grignotage sans notion de faim ni de besoin, l'excès de lipides et de sucre qu'il occasionne à long terme est néfaste pour votre santé. En un mot « snackez » intelligent et pensez à revaloriser le plus souvent possible le repas en prenant le temps de vous attabler. Rien de tel pour le moral qu'un bon repas à table !

Pour vous aider à rectifier d'éventuels désordres, il est utile de repérer les cas dans lesquels vous avez recours au snacking.

Lorsque vous manquez de temps : votre rythme de travail est soutenu, votre temps alimentaire compressé, vous faites la journée continue ou vous faites du sport pendant la pause du déjeuner... Le manque de temps ne veut pas dire ne pas pouvoir se faire plaisir en mangeant des aliments bons et sains ! Plutôt que de consommer des produits mal composés, pensez plutôt à « snacker » des crudités. À l'heure du repas, les barquettes individuelles de salades « fraîcheur » associées à un complément protéique (type dés de jambon ou de poulet), complétées par un laitage à boire ou du fromage emballé individuellement et un fruit frais semble un bon compromis.

Quelques conseils...
Exemple de menu « fraîcheur » réussi

- Salade composée au poulet (tomate, haricots verts, poulet en dés, cerneaux de noix, frisée, mâche, riz, sauce vinaigrette au xérès)
- Un yaourt à boire
- Une pêche jaune
- Pain + eau

Vous compléterez au dîner les carences éventuelles du déjeuner.

Lorsque vous êtes fatigués ou stressés : vous avez passé une mauvaise nuit, la durée de votre trajet entre votre maison et votre lieu de travail est longue, vous avez souvent le sentiment de courir après le train... Il est vrai que dans ces conditions, il est difficile de se concentrer sur son alimentation. Alors commencez par prendre un temps pour décompresser, pour souffler, avant de vous restaurer ! Ensuite, vous serez plus détendu et mieux disposé pour un vrai repas. Efforcez-vous alors de le prendre dans le calme en privilégiant vitamines et minéraux, pensez aux jus de fruits et aux fruits secs qui vous aideront à conserver votre dynamisme tout en vous apportant l'énergie nécessaire pour relativiser l'urgence et résister au stress...

Pour des raisons pratiques, vous n'avez pas envie de cuisiner ou de faire la vaisselle, vous êtes seul pour le déjeuner, vous avez envie de faire du lèche-vitrine... Autant de raisons qui vous incitent à prendre un repas facile, sur le pouce. Dans ce cas, tournez-vous vers une certaine façon de « snacker », bien française : le traditionnel sandwich baguette est une alternative convenable et joue un rôle modérateur. Préférez le pain complet au pain viennois ou au lait (voir les paragraphes consacrés aux sandwiches en page 149 et suivantes). Mais attention, restez raisonnable dans les quantités de mayonnaise si vous voulez éviter une digestion difficile ! Une autre solution consiste à recourir aux produits surgelés, prêts à consommer, au conditionnement très pratique. Il suffit de les réchauffer quelques minutes au four à micro-ondes, ce qui vous laisse juste le temps de vous relaxer avant de faire une vraie pause déjeuner ! L'atout de ces plats réside dans leur composition relativement mieux équilibrée que d'autres produits typiques du snacking. Encore faut-il avoir un four à micro-ondes à portée de main !

Lorsque **vous souhaitez décompresser** avant de vous mettre à table, vous avez envie de faire une pause apéritive : outre les cacahuètes et autres graines, grands classiques des apéritifs, on trouve maintenant toutes sortes de produits, tels que le pâté en croûte (taille réduite et petit grammage), les mini-cakes salés, les petites saucisses rondes prêtes à passer au micro-onde, les mini-bouchées de surimi, les mini-saucissons aux goûts variés, les dés de saumon fumé accompagnés de petites sauces... La liste est encore longue. Bien qu'il ne faille pas généraliser, ce sont fréquemment des produits salés, plus ou moins riches en lipides. Ils ne doivent donc pas faire partie d'une consommation régulière mais leur consommation doit rester occasionnelle.

Dans les produits de « snacking » destinés à l'apéritif, choisissez plutôt les produits les moins élaborés, synonymes d'une moindre richesse en additifs :

- petits dés d'emmental (en barquettes et prêts à l'emploi) glissés sur des bâtonnets en alternance avec des tomates cerise ;
- brochettes de crevettes et d'ananas ;
- petites bouchées fromagères, rehaussées de feuilles de menthe, de citron, de poivrons...
- petites brochettes de fruits frais.

Bien sûr, si vous avez du temps devant vous, vous pouvez aussi vous inspirer des idées apéritives suggérées en page 115.

Vous avez envie d'une pause gourmande, tout simplement. C'est légitime ! Mais faites attention à ne pas tomber dans le grignotage, qui n'est rien d'autre que la consommation d'aliments, parfois inconsciente, sans sensation de faim, par petites quantités fractionnées et fréquentes. Les aliments consommés pour le plaisir sont généralement d'utilisation pratique mais ils sont la plupart du temps très énergétiques (pensez aux barres chocolatées !). Il est important de prendre en considération les implications nutritionnelles que cela comporte.

Pensez à bien lire l'étiquetage, vous y trouverez une somme d'informations nutritionnelles... et peut-être un moyen d'auto-dissuasion !

Voici quelques astuces pour composer au mieux vos pauses gourmandes !

- Si l'ingrédient premier du produit que vous apprêtez à consommer est le sucre, évitez ! En particulier s'il s'agit du sirop de glucose-fructose qui, consommé en grandes quantités, favorise le stockage des graisses et donc les surcharges pondérales à long terme...
- La présence de matières grasses végétales hydrogénées ou partiellement hydrogénées (ou huiles végétales hydrogénées) dans vos produits alimentaires doit vous faire préférer un produit identique avec des matières grasses non hydrogénées. Rappelez-vous, les huiles hydrogénées ont l'inconvénient d'apporter des acides gras trans néfastes pour votre santé.
- Enfin, il est toujours temps de vous poser cette question cruciale avant d'engloutir n'importe quel produit : celui-ci vous apporte-t-il vraiment du plaisir ?

 Veillez aux informations nutritionnelles

À quand des produits prêts à consommer au profil nutritionnel intéressant ? Avec un étiquetage lisible, réellement informatif et qui n'induit pas le consommateur en erreur avec des allégations santé parfois erronées ? Ne vous laissez pas tromper par les emballages accrocheurs et les promesses des publicités : actuellement, certains produits dits allégés en sucre et matières grasses inondent le marché de l'allégé. Reste à éplucher l'étiquetage pour savoir s'ils sont réellement valables !

Un mot sur les espaces « snacking » : beaucoup de grands magasins et de galeries marchandes ont maintenant leur espace « snacking » pour tous ceux qui ne veulent pas « grignoter » de leur temps accordé au lèche-vitrine. Cette pause plaisir ne doit pas être trop fréquente, car elle risque de déséquilibrer votre alimentation. Puisque vous connaissez mieux maintenant le type de produits proposés et savez décrypter les abus, sachez choisir ce qui vous fait du bien ; tout en vous faisant plaisir !

Le cercle vicieux du grignotage

La satisfaction d'un petit creux au milieu de la matinée ou de l'après-midi, qui correspond à un besoin énergétique, à un réel état de faim, doit être différencié du grignotage qui lui, correspond à une consommation alimentaire souvent de haute densité nutritionnelle (riche en lipides et glucides), qui se fait sans faim et donc, sans besoin, par petites quantités fractionnées sur une période plus ou moins longue. Les aliments les plus concernés sont les pâtisseries et viennoiseries, les fruits, le chocolat, le fromage, le pain. Le risque du grignotage est qu'il peut entraîner une hyperphagie, conduite alimentaire conduisant à manger en grande quantité, indifféremment un ou plusieurs aliments. Ce comportement ne doit pas être confondu avec la polyphagie où les quantités ingérées sont « normales ».

Le grignotage est une habitude très pernicieuse, car cette consommation incontrôlée favorise les surcharges pondérales et le mal-être. Surtout c'est une habitude qu'il est difficile de perdre, une fois qu'elle est installée. De plus, c'est un cercle vicieux, car plus vous grignoterez, plus vous aurez envie de recommencer...

Cette habitude est souvent le résultat d'un désir de calmer votre ennui ou votre angoisse. Mais il y a d'autres facteurs très concrets. Le grignotage est souvent la conséquence de la prise d'un déjeuner frugal limité en nombre de plats ou d'un déjeuner inexistant et donc compensé. Rétablissez de vrais repas, vous verrez que le grignotage se fera moins fréquent. Ajoutez plutôt une vraie collation, bien composée une fois par jour. Le reste du temps, entre les repas, trompez votre envie de grignoter avec un grand verre d'eau, une tasse de thé ou de café (sans sucre ajouté si possible).

Retenons l'essentiel !

Apprenez à gérer vos grignotages : grignotez en fonction de votre faim et de votre activité physique et non de votre ennui.

La pratique régulière d'un sport peut d'ailleurs vous aider à adopter un mode de vie plus régulier et à réduire ainsi vos habitudes de grignotage.

Boulimie, anorexie mentale et « craving »

Tous ces termes renvoient à des comportements alimentaires spécifiques, souvent associés à un profond mal-être, qu'il ne faut pas confondre avec le grignotage, notamment en ce qui concerne la boulimie et l'anorexie mentale, expressions d'un profond mal-être, dépassant la question strictement alimentaire.

La boulimie se traduit par une consommation d'une grande quantité d'aliments dans un temps très court. Ces prises alimentaires rapides et désordonnées, qui se font souvent « en cachette », se produisent par crises. Les personnes boulimiques sont conscientes du caractère anormal de ce comportement alimentaire et sont donc en grande souffrance. L'anorexie mentale correspond au contraire à un refus volontaire de s'alimenter, souvent associé à l'obsession d'un corps mince. Ces deux troubles du comportement alimentaire nécessitent l'aide de professionnels de la santé. C'est volontairement que nous n'en donnons ici que des définitions succinctes : le sujet très vaste n'est pas l'objet du présent ouvrage.

Le « craving » est un peu à part. Ce comportement correspond à un besoin urgent axé sur un ou plusieurs types de produits appréciés occasionnant un plaisir immédiat (par exemple, de la crème glacée chocolatée consommée tous les soirs avant d'aller se coucher). Il en résulte une forte culpabilité. C'est un trouble du comportement alimentaire tout comme l'anorexie et la boulimie.

Tous ces troubles complexes appellent une prise en charge médicale.

Travail de nuit ou horaires décalés

C'est une situation plus répandue qu'on ne croit : prenons le cas de l'hôtesse de l'air qui par manque de temps prend bien souvent son repas sur un coin d'armoire en métal en moins d'une dizaine de minutes entre un atterrissage et un décollage ; de l'infirmière travaillant de nuit, aux horaires de repas soumis aux appels et aux urgences ; de l'ouvrier qui travaille sur machine la nuit et dont les pauses sont souvent imposées par le rythme de production et l'organisation de l'équipe... Toutes ces activités impliquent des rythmes très perturbants pour l'organisme...

Or, un rythme de vie contre-nature et des horaires très irréguliers peuvent entraîner à long terme des troubles digestifs. Pour éviter ces désagréments, il faut envisager plutôt des petits repas et des collations bien composées, avec un rythme aussi régulier que possible, car votre organisme ne peut s'habituer à une prise alimentaire anarchique. Il est tout aussi important de se ménager des plages horaires de calme pour s'alimenter.

La qualité et le contenu des repas sont tout aussi primordiaux que les horaires. Vous trouverez ci-dessous quelques conseils pour gérer au mieux la situation. Mais surtout ne culpabilisez pas si vous n'arrivez pas à respecter scrupuleusement ce qui suit. Adoptez avant tout le rythme qui vous convient le mieux.

Vous prenez votre petit-déjeuner sur votre lieu de travail car vous commencez très tôt votre journée.

- ▶ Prenez un dîner en famille la veille au soir en toute décontraction.
- ▶ Lorsque c'est possible, prenez une collation au réveil (une boisson chaude avec un produit céréalier, par exemple) pour mettre en route votre organisme.
- ▶ Une fois arrivé sur votre lieu de travail, il est nécessaire d'instaurer un temps de pause pour la prise d'un petit déjeuner plus copieux qu'un petit déjeuner traditionnel pris à la maison. Il s'apparentera plutôt à un déjeuner.
- ▶ Si vous rentrez chez vous pour le déjeuner, il sera léger pour éviter une sieste perturbée.

Vous travaillez l'après-midi jusqu'en début soirée :

- ▶ Le matin, prenez un déjeuner soigneusement composé à la maison.
- ▶ Dans l'après-midi, prenez une collation sur votre lieu de travail (par exemple, pain + fromage + une boisson chaude ou froide).
- ▶ Prenez votre dîner en famille après votre journée de travail, ou plus tôt, sur votre lieu de travail, mais soyez vigilant sur les grignotages qui viennent souvent le compléter (une fois de retour à la maison...).

Vous travaillez de nuit. Veillez bien aux points suivants :

- ▶ Le dîner, pris soit à domicile soit au travail, ne sera pas trop copieux.

- Il est souhaitable de faire une collation vers 1 h ou 2 h du matin pour maintenir vigilance et efficacité. Soyez attentifs à la composition de cette collation : pas de produits très sucrés ou trop salés mais des produits riches en protéines et en glucides complexes. Attention ! Cette collation doit rester « légère » car les sucs gastriques sont surtout sécrétés le jour. La nuit, la digestion est rendue plus difficile…
- Prenez votre petit déjeuner en rentrant chez vous, avant d'aller vous coucher. Faites en sorte qu'il soit plus léger que votre petit déjeuner habituel (afin que votre sommeil ne soit pas perturbé).
- Si possible, ne sautez pas le déjeuner !

Si vos horaires sont fractionnés : par exemple, si vous travaillez le matin et l'après-midi, avec un long temps de repos entre les deux. Si vous avez la possibilité de rentrer chez vous, profitez-en pour vous attabler et prendre un vrai repas. Si vous ne pouvez rentrer chez vous, maintenez une pause repas (soit au self, soit à l'extérieur).

Si vous avez une journée très longue (plus de 10 heures) : Pensez à instaurer régulièrement des pauses salutaires, couplez-les avec des collations bien pensées (voir chapitre des collations) qui apaiseront au moins temporairement votre faim, tout en comblant judicieusement vos besoins nutritionnels !

Le rôle des compléments alimentaires

Dans les magasins, à la télévision, dans les pharmacies, entre amis, les recommandations sur l'équilibre de vie sont pléthore. Nous sommes bien souvent conscients des aléas de nos modes de vie et soucieux de pallier dans la mesure du possible les déséquilibres de notre alimentation. Les compléments alimentaires représentent une solution apparemment pratique et facile pour combler certains déficits… Sachez qu'il est tout de même préférable de s'alimenter avec des produits sains et certainement moins coûteux que les compléments alimentaires. De plus, ces derniers ne représentent pas une solution durable. En effet, rien ne remplace une alimentation saine. À long terme, un régime qui ferait la part trop belle aux compléments alimentaires risque d'entraîner des carences tant sur le plan qualitatif que quantitatif et par conséquent, de graves troubles de la santé.

Dans tous les cas, si vous optez ponctuellement pour des compléments alimentaires, consultez au préalable votre médecin ou un(e) diététicien(ne) car tous ces produits ne se valent pas et certains peuvent même avoir des effets délétères chez certaines personnes. Alors n'oubliez pas : demandez conseil !

Mangez équilibré : les 10 commandements

1. Ne sautez pas de repas, en particulier si vous êtes « accro » aux régimes ou enceinte !
2. Snackez ou grignotez intelligent !
3. Ne négligez pas le pain : faites-lui la part belle.
4. Jouez autant que possible sur les équivalences pour diversifier votre alimentation.
5. Modérez votre consommation de matières grasses et soyez soucieux de leur qualité !
6. Consommez des fruits frais, mines d'anti-oxydants.
7. Variez les plaisirs fromagers et sachez profiter des 400 variétés de fromages français pour varier les plaisirs !
8. Prenez le temps d'apprécier ce que vous mangez...
9. Modifiez en douceur vos habitudes alimentaires et ne vous privez de rien, tant que vous n'avez aucun souci de santé qui vous y oblige : Soyez épicurien, c'est bon pour le moral !
10. Rappelez-vous que seuls des grignotages incontrôlés sont source de déséquilibre alimentaire...

Conclusion

Une alimentation bien pensée est un facteur important de santé et de bien-être. Elle permet de couvrir tous les besoins nutritionnels nécessaires au bon fonctionnement de notre organisme. Mais pour être bien vécue, elle doit rimer avec plaisir, satisfaction du palais et bonne humeur.

Réponses aux quiz

Page 15 : Quiz sucré
b) Un milk-shake de 250 ml = 10 morceaux de sucre de 5 g
a) Une canette de soda au cola de 33 cl = 7 morceaux de sucre
f) Une barre chocolatée = 7 morceaux de sucre
d) Un pain au chocolat (environ 60 g) = 6 morceaux de sucre
c) Deux boules de crème glacée = 4 morceaux de sucre
e) Une pomme (150 g) = 3 morceaux de sucre

Page 39 : Quiz vitaminé
a) Vitamine C
b) Vitamine A
c) Acide folique ou vitamine B9, vitamine B12
d) Vitamine C, vitamine A
e) Vitamine E
f) Vitamine D

Page 39 : Quiz reminéralisant

a) Le calcium et le fluor à un moindre degré
b) Le magnésium
c) Le fer
d) L'iode
e) Le calcium (sans oublier d'y adjoindre la vitamine D) et le zinc à un moindre degré

Page 48 : Quiz charcutier

a) Rillettes : 57 % de lipides
f) Saucisson : 47 % de lipides
d) Pâté de campagne : 40 % de lipides
c) Jambon fumé : 35 % de lipides
e) Mortadelle : 21 % de lipides
b) Saucisse de Francfort : 15 à 20 % de lipides
g) Jambon de Paris : 5 % de lipides

Page 149 : Quiz sandwiches

c) Un sandwich au saucisson compte 405 à 410 Calories.
a) Un sandwich au gruyère compte 380 à 390 Calories.
b) Un sandwich au pain de mie + gruyère + jambon compte 380 Calories.
d) Un pan bagnat compte 290 Calories.

Page 153 : Quiz boulangerie

c) La quiche : 340 Calories pour un poids moyen de 110 g
a) Le croissant au jambon : 310 Calories pour 110 g environ
b) La pizza : 270 Calories pour 130/140 g environ

Quitte à choisir, la pizza semble encore le produit le moins calorique (bien que cela soit fonction de sa garniture... et de la boulangerie !).

Page 154 : Quiz café

b) Un hot dog : 400 à 405 Calories pour 130 g environ
a) Un croque-monsieur : 395 à 400 Calories pour 145-150 g environ
c) Une omelette au jambon : 380 à 410 Calories

Page 155 : Quiz hamburger

c) Le Big-Mac compte 490 à 495 Calories pour un poids moyen de 220 g.
b) Le cheese-burger compte 300 à 305 Calories pour 120 g environ.
a) Le hamburger simple compte 255 à 260 Calories pour 105/110 g environ.

Table des matières

Sommaire 5
Introduction 7

Première partie : Qu'est-ce qu'une alimentation équilibrée ? 9

Chapitre 1 : Les nutriments dont notre corps a besoin 11

Les glucides 13
Les protéines 17
Les lipides 19
L'eau 21
Les vitamines 22
Les minéraux et oligo-éléments 32
    Comment préserver au mieux vos vitamines et minéraux ? 37

Chapitre 2 : Des aliments diversifiés 41

Le lait et les produits laitiers 43
Les viandes, poissons, œufs et abats 47
Les céréales, produits céréaliers et assimilés 50
    La pomme de terre 53
Les végétaux 54
Les corps gras 57
Le sucre et les produits sucrés 59
Les boissons 60

Chapitre 3 : Une bonne répartition des apports journaliers 65

Au petit déjeuner, réveillez votre appétit ! 68
Au déjeuner, rechargez vos batteries ! 74
Au goûter, détente et gourmandise 76
Le dîner, appétissant mais léger 77
Les collations, coup de pouce énergétique 78

Chapitre 4 : Une alimentation adaptée à l'âge et au mode de vie ... 81

L'enfance 83
L'adolescence 87
La grossesse et l'allaitement 90
L'âge de la retraite 90
Pour les sportifs 92
Quand on suit un régime hypoénergétique 94
    Abécédaire d'une alimentation équilibrée 99

Deuxième partie : À chaque cas, sa solution 101

Chapitre 5 : À la maison 103

L'art de faire les courses 105
Comment utiliser vos restes ? 107
Seul à la maison… 108
… ou en famille 110
Un apéritif entre amis 112
Pour un repas familial ou entre amis ! 116

Chapitre 6 : À l'extérieur : au restaurant ou sur le pouce 119

Au restaurant 122
Restaurants scolaire, universitaire ou d'entreprise 128
Cuisines d'ici et d'ailleurs 132
La restauration rapide 148

Chapitre 7 : Végétarisme, végétalisme, macrobiotisme… 161

Êtes-vous végétarien ? 163
Si vous êtes végétalien 166
Pour les adeptes de la macrobiotique 168
Qu'est-ce que le crudivorisme ? 170

Chapitre 8 : Comment pallier une alimentation déstructurée ? 171
Le « snacking » 173
Le cercle vicieux du grignotage 179
Boulimie, anorexie mentale et « craving » 180
Travail de nuit ou horaires décalés 180
Le rôle des compléments alimentaires 182
    Mangez équilibré : les 10 commandements 184
Conclusion 184
Réponses aux quiz 185

www.ingramcontent.com/pod-product-compliance
Lightning Source LLC
Chambersburg PA
CBHW061644040426
42446CB00010B/1580